코로나 이후
사야 할 주식

코로나 이후 사야 할 주식

이상헌 지음

POST COVID-19

메이트북스

메이트북스

우리는 책이 독자를 위한 것임을 잊지 않는다.
우리는 독자의 꿈을 사랑하고,
그 꿈이 실현될 수 있는 도구를 세상에 내놓는다.

코로나 이후 사야 할 주식

초판 1쇄 발행 2020년 6월 10일 | **초판 3쇄 발행** 2020년 8월 10일 | **지은이** 이상헌
펴낸곳 ㈜원앤원콘텐츠그룹 | **펴낸이** 강현규 · 정영훈
책임편집 안정연 | **편집** 유지윤 · 오희라 | **디자인** 최정아
마케팅 김형진 · 차승환 · 정호준 | **경영지원** 최향숙 · 이혜지 | **홍보** 이선미 · 정채훈 · 정선호
등록번호 제301-2006-001호 | **등록일자** 2013년 5월 24일
주소 04607 서울시 중구 다산로 139 랜더스빌딩 5층 | **전화** (02)2234-7117
팩스 (02)2234-1086 | **홈페이지** www.matebooks.co.kr | **이메일** khg0109@hanmail.net
값 16,000원 | **ISBN** 979-11-6002-286-5 03320

이 도서의 국립중앙도서관 출판시도서목록(CIP)은 e-CIP홈페이지(http://www.nl.go.kr/ecip)에서
이용하실 수 있습니다.(CIP제어번호 : CIP2020021787)

미래는 결코 투명하게 내다보이지 않는다.
정확한 예측을 위해서는
주식시장에서 많은 대가를 치러야 한다.
실제로 불확실성은 장기 투자자의 친구이다.

· 워런 버핏 ·

포스트 코로나,
Change라 쓰고 Chance라 읽는다

코로나19로 인해 사회, 경제 등은 물론 우리의 일상생활에서도 여러 변화들이 발생하고 있다. 무엇보다 피부로 느낄 수 있는 것은 이제 외출을 할 때 마스크 쓰는 것이 필수가 되었다는 사실이다.

이런 변화들로 인해 기존 시스템이 무력화되면서 새로운 시스템을 적용케 만든다. 어쩔 수 없이 과도기를 맞게 되고 새로운 시스템을 적용하는 과정에서 또 다른 변화들이 일어나고 불확실성한 환경들이 펼쳐진다.

그러나 인류의 역사를 살펴보면 이러한 대변혁을 문명의 발전 등을 통해 극복하면서 새로운 역사발전의 단계로 나아갔다. 이러한 사실에 비추어볼 때 코로나19로 인한 여러 변화에 따른 기회도 반드시 있을 것이다. 즉 판을 흔드는 과정에서 기회도 포착될 것이다.

주식시장에서도 이 같은 불확실성에 의한 기회들을 잡을 수 있을 것이다. 주식시장을 일명 경제의 거울이라고도 표현한다. 이는 주식시장이 국가 및 기업의 실적, 신용도, 유동성, 금리, 환율, 수출, 소비심리, 글로벌 경제흐름 등 현재의 경제상황뿐만 아니라 미래의 전망까지 포함하기 때문이다.

무엇보다 주식시장은 일정시점을 나타내는 스톡(Stock, 貯量)보다는 일정기간을 표시하는 플로우(Flow, 流量) 개념이 더 중요하기 때문에 선행성을 강하게 반영한다. 코로나19로 인해 주식시장이 2020년 3월 19일 저점을 기록한 이후 반등하고 있는 것도 이러한 속성 때문이다. 즉 현재 시점이 여러모로 최악이라고 해도 여러 경제지표들이 곧 저점을 확인할 것이며, 코로나19 이전 수준까지 회복하는 데 상당 부분의 시간이 소요될 것으로 전망되지만 향후 개선추세가 지속될 것이라고 믿기 때문이다. 다시 말해서 주식시장은 지금 막 나온 데이터가 아니라 경제의 추세를 예상하는 것이다.

그런데 여기에서 주식 투자자들이 각별히 주목해야 할 점이 있다. 주식시장이 반등한다고 해서 모든 주식이 상승하는 것이 아니라는 사실이다.

가령 카카오는 지난 2014년 10월 다음커뮤니케이션과 합병해 주식시장에 우회상장한 이후 2020년 5월 22일 기준 시가총액이 21조 5,062억 원으로 8배 이상 불어나면서, 현대차(20조 1,916억 원)를 제치고 시가총액 순위 9위(우선주 제외)에 올라섰다. 이는 코로나19 이후 산업구조의 지형이 변화되는 가운데 카카오가 언택트(Untact) 수혜주로 부각되는 반면 현대차가 전통산업의 한계를 드러냈기 때문이다.

이렇듯 2010년대 중반부터 제4차 산업혁명으로 디지털 트랜스포메이션되는 환경하에서 그동안 산업구조 지형의 변화가 진행되고 있었는데, 코로나19로 인해 그 변화가 보다 더 빠르게 촉진되고 있다. 특히 지금과 같이 코로나19로 인해 세상이 변화되고 있는 시점에서는 종목별로 상승과 하락의 차별화가 더욱더 심화될 수 있다.

월스트리트에서 성공한 펀드매니저 피터 린치는 일을 하거나 쇼핑하면서 조금만 신경 쓰면 월가 투자 전문가들보다 먼저 좋은 종목을 발굴할 수 있다고 말했다. 이를테면 피터 린치는 쇼핑하던 중 레그스라는 회사의 스타킹을 만족스러워하는 아내의 모습을 보고 그 회사 주식에 투자해 좋은 수익률을 기록했다. 즉 평범한 일상 속에서도 관찰이 무엇보다 중요하다는 것을 보여주는 사례다.

현재 우리의 일상은 어떠한가? 코로나19로 인한 감염확산을 막기 위해 일, 의사소통, 관계 등에서 새로운 방식 등이 등장하고 있다. 즉 온라인을 통한 소비, 재택근무, 비즈니스, 교육 등 비대면 인간관계가 전통적인 오프라인 인간관계를 대체하면서 일상화되고 있다.

여기에서 빅 픽처(Big Picture)는 '오프라인의 온라인화'에 있다. 이러한 오프라인의 온라인화를 위해서는 디지털 트랜스포메이션이 필요하다. 따라서 디지털 트랜스포메이션 관련 산업 등이 성장할 수 있을 것이다.

무엇보다 온라인 관련 비즈니스 등이 발달하면서 산업구조 지형의 변화가 일어나고 결국에는 성장하는 기업과 쇠퇴하는 기업으로 확연하게 구별될 것이다. 이러한 변화들은 코로나19와 직결될 수 있는 헬스케어 분야에서도 활발하게 일어날 것이다.

따라서 포스트 코로나 시대에서는 디지털 트랜스포메이션, 언택트 라이프, 스마트 헬스케어와 관련해 성장하는 기업이 나올 수 있으며, 그러한 기업들이 주도주 역할을 하면서 주식시장의 상승을 이끌 것이다.

한편 전 세계 정부들이 금융 및 재정정책들을 강화하고 있는 가운데 우리나라도 한국판 뉴딜 프로젝트를 추진할 계획이다. 정부는 한국판 뉴딜 3대 프로젝트로 디지털 인프라 구축, 비대면 산업 육성, 사회간접자본(SOC) 디지털화 등을 선정했다. 이는 포스트 코로나 시대에 경제회복과 혁신성장을 염두에 둔 것이다.

이러한 정부정책은 육성의지뿐만 아니라 실제적으로도 투자가 이루어지기 때문에 디지털 트랜스포메이션, 언택트 라이프, 스마트 헬스케어, 재정정책 관련 기업들의 주가상승에 모멘텀 역할을 할 것이다.

코로나19로 인해 탈세계화가 진행될 것으로 예상되지만 주식시장의 동조화는 더 강화될 것이다. 왜냐하면 코로나19 위기를 탈피하기 위한 금융 및 재정정책들이 비슷한 시기와 방법으로 전개되고 있을 뿐만 아니라 전 세계가 동시에 같은 변화를 직면한다는 점에서 라이프 스타일의 변화가 공통적으로 일어나면서 관련 종목들의 성장성 부각 동조화가 강하게 나타날 수 있기 때문이다.

이러한 변화 속에서 보다 나은 미래를 꿈꾸는 자만이 큰 기회를 얻을 것이다. 아무쪼록 이 책이 코로나19로 인한 변화들을 보다 더 이해하고 더 나아가 포스트 코로나 시대에 주식으로 큰 기회를 잡는 데 조금이나마 도움이 되었으면 한다.

끝으로 늘 곁에서 버팀목이 되어주는 아내 세은이와 아빠를 제일 좋아하는 사랑스러운 딸 예원이, 늘 잘 되기를 기원하시는 양가 부모님과 더불어 소통이 잘 되는 친구 관영이에게 고마움을 전하며, 이 책을 읽는 독자에게도 행운을 빈다.

이상헌

차례

 코로나 이후 주식시장은 어떻게 될까?

언택트 라이프가 일상화되다 _ 오프라인의 온라인화

코로나 이후 의료 서비스 패러다임이 변한다

- 인류의 대변혁마다 전쟁과 전염병이 있었다
- 코로나 이전과 이후는 완전히 다른 세상이 될 것이다
- 코로나 이후 사회경제에 미칠 미시적 변화에 주목하자
- 코로나 이후 거시적 관점에서 어떤 변화가 일어날까?
- 코로나 충격을 완화하기 위한 각국의 금융 및 재정정책에 주목하자
- 코로나 이후 돈 되는 주식은 이것이다

PART 1

코로나 이후 주식시장은 어떻게 될까?

인류의 대변혁마다
전쟁과 전염병이 있었다

인류는 전쟁이나 전염병과의 싸움으로 크게 인구수가 줄어도
이를 극복하면서 새로운 역사발전의 단계로 나아갔다.

대변혁의 계기는 인구의 급변

인류의 역사 발전단계에 있어서 대변혁이 일어난 계기는 무엇이
었을까? 대변혁은 항상 인구의 극단적인 감소나 폭발적인 증가
에 기인했다.

1347년 킵차크 부대에 의해 아시아 내륙의 흑사병이 유럽에
상륙하면서 전 유럽 인구의 1/3 내지 1/4이 사망했는데, 이는 인
류 역사상 가장 큰 재앙 중 하나였다.

흑사병으로 소작농이 급감하자 임금이 급등하며 영주와 농노
간 충돌이 증가했으며, 중소 영주가 파산하는 사태로 이어졌다.

이는 곧 노쇠한 봉건제를 빠르게 붕괴시켜 중세는 급격히 재편되었다.

이 과정에서 자유를 얻은 농노들이 자영농으로 바뀌기 시작하며 이는 곧 공업 발전으로 이어졌다. 이에 따라 시장이 커지고 다른 지역이나 나라와의 교역이 늘어나는 등 화폐경제가 구축되며 경제구조가 바뀌었으며, 이 시기에 부르주아라는 신흥 계급이 등장했다.

이는 이탈리아에서 르네상스를 불러일으켜 서유럽으로 확산되는 계기가 되었다. 고대 그리스·로마의 학문과 지식을 부흥시키고자 하는 움직임을 통해 고전 학문의 가치에 대한 관심이 고조되었으며 신대륙의 발견, 지동설의 등장, 봉건제의 몰락, 상업의 성장, 종이·인쇄술·항해술·화약과 같은 신기술의 발명이 이 시기에 이루어졌다.

이를 기반으로 16세기에 스페인 정복자들은 잉카제국을 멸망시키는 과정에서 천연두를 비롯한 감염병 확산을 주요 수단으로 활용했다.

천연두는 유럽에서 여러 차례 유행했었기에 스페인 군대는 내성을 갖고 있었지만 잉카인은 그렇지 않았다. 이에 따라 스페인 정복자들이 가져온 천연두 바이러스는 순식간에 내성이 없는 잉카인을 쓰러뜨렸다. 스페인 정복자들은 중남미에서 막대한 양의 금과 은을 착취해 유럽으로 빼앗아갔다.

산업혁명시대의 대규모 방직 공장 시설

이는 화폐 증가에 따른 물가 상승을 가져오면서 상공업 발전을 촉진시켜 유럽인들에게 자본주의 발전의 기회가 되었다. 이러한 경제적 풍요는 정신의 고양을 가져와, 계몽사상이 움트고 시민정신의 토대가 된다. 1789년 프랑스대혁명을 비롯해 시민혁명이 유럽 각지에서 일어나면서 중세에서 근대사회로 들어서게 되었다.

18세기 영국에서 시작된 산업혁명을 통해 농업과 수공업 위주의 경제에서 공업과 기계를 사용하는 제조업 위주의 경제로 변화되면서 인류는 다시 한번 전환점을 맞이하게 되었다. 석탄, 전기와 같은 새로운 에너지원의 이용과 내연기관 등 새로운 기계의 발명 등을 통해 대량생산이 가능해졌다.

이러한 결과로 더 많은 부를 얻기 위한 국가 간 충돌은 제1차

세계대전(1914~1918년)을 가져오게 된다. 이러한 제1차 세계대전과 맞물리며 스페인독감(1918~1920년)이 창궐했다.

1918년 초여름 프랑스 주둔 미군부대에서 처음 스페인독감 환자가 발생했으며, 제1차 세계대전에 참전했던 미군들이 귀환하면서 미국에까지 확산되었다. 2년 동안 전 세계에서 2,500만 ~5천만 명이 스페인독감으로 사망했다.

전쟁과 전염병은 위기이자 기회

제1차 세계대전과 스페인독감 등이 대영제국 쇠퇴와 미국이 신흥 경제대국으로 떠오르는 세계경제 재편의 계기가 되었다. 전쟁과 전염병이 어떤 나라에는 위기가 되고, 어떤 나라에는 기회가 된 것이다.

제1차 세계대전 이전의 미국은 자본이 부족했기 때문에 영국이나 프랑스 등 유럽으로부터 돈을 빌려와 산업에 투자했기에 세계에서 가장 채무가 많은 나라였다. 그러나 전쟁을 치르면서 이런 상황은 완전히 역전되어 미국은 세계 최대의 채권국으로 발돋움해 경제대국이 된 것이다.

이러한 전후 처리 과정에서 세계경제는 각자도생의 길을 가게 되어 블록화 보호무역으로 나아갔고, 결국 대공황에 이르게 되었다. 또한 패권을 잃어가던 영국과 프랑스는 당장 막대한 채무를 해결하기 위해 패전국 독일에게 과도한 배상금을 요구했다. 이에 독일은 돈을 마구 찍어내어 물가 폭등 사태가 일어났으며, 이런 와중에 히틀러가 정권을 잡고 제2차 세계대전(1939~1945년)을 일으켰다.

이러한 제2차 세계대전으로 미국이 경제력과 군사력을 겸비한 초강대국으로 거듭나는 계기를 마련했다. 제2차 세계대전이 끝나자 참전한 군인들이 일상에 복귀했으며, 그들이 미뤄둔 결혼을 한꺼번에 하게 되면서 일명 베이비붐세대(1946~1964년생)가 태어나게 되었다. 이들에게는 주택이 필요했고, 그러자 건설 회사들은 도심을 떠나 교외의 저렴한 토지에 똑같은 설계의 집을 수백 또는 수천 채씩 지어 거대한 개인 주택단지들을 만들어 공급하기 시작했다.

이러한 단독주택에 부모와 자녀로만 구성된 가정이 급격히 늘어났다. 이를 두고서 1949년 인류학자 조지 머독이 처음으로 핵가족이란 신조어를 만들어낸 이후 핵가족은 미국사회를 지탱하는 가장 기본적인 단위이자 건강한 가정의 상징으로 인식되어 왔다.

남편들이 하루종일 직장에서 돈을 벌고 자녀들이 학교에서 공부하는 동안 여성들은 새시대의 가정주부로서의 역할을 수행하기 시작했다. 이에 따라 가정주부들은 집안 실내를 꾸미기 위해 백화점에서 가구와 장식품을 사들였고, 보다 편리한 주방을 꾸미기 위해서 냉장고, 믹서, 자동식기 세척기, 세탁기 등 가전제품 등을 사들였다.

이러한 핵가족 문화의 소비재 소비현상은 전 세계로 퍼져나가 새로운 산업 등을 탄생시켰다.

이처럼 인류는 전쟁과 전염병으로 인해 큰 폭의 인구수 감소세를 보이면서도 문명의 발전 등을 통해 이를 극복하면서 새로운 역사발전의 단계로 나아갔다. 즉 전쟁과 전염병은 인류에게 엄청난 위기이자 기회였던 것이다.

코로나 이전과 이후는
완전히 다른 세상이 될 것이다

세계경제의 회복경로 형태는 코로나19의 지속기간과 더불어
이에 따른 경기침체로의 전이 가능성이 관건이 될 것이다.

코로나19로 인한 경제적 쇼크

블랙스완(Black Swan)은 도저히 일어날 것 같지 않은 일이 일어나는 것을 의미하는 것으로 과거의 경험만으로는 아무리 분석해도 미래를 예측할 수 없을 때를 지칭한다. 이에 따라 일어날 가능성이 거의 없는 일이 갑자기 터지면 연쇄 파급 효과가 커서 큰 위기가 닥치는 것이다. 1997년 IMF 외환위기, 2001년 9·11테러와 2008년 글로벌 금융위기 등이 이러한 블랙스완에 해당된다.

여기에 비추어볼 때 전 세계에 확산되고 있는 코로나19도 과연 블랙스완이 될 수 있을까?

2019년 말 중국 우한의 수산시장에서 이름 모를 폐렴이 발생한 이후 그 원인균을 명명한 코로나19는 사스(SARS)처럼 동물을 매개로 변이되어 감염되는 코로나바이러스와 높은 유사성을 보인 것으로 밝혀졌다.

유례없는 국가 봉쇄조치로 2020년 2월 말 중국에서 코로나19 확산세가 주춤하는가 싶더니, 3월부터는 이탈리아와 스페인, 프랑스, 영국을 거쳐 미국으로 확산되었다.

백신도, 치료제도 없는 상황에서 코로나19가 파죽지세로 확산되자 세계 각국은 국가적인 봉쇄조치를 잇따라 시행했다. 즉 외국인 입국을 규제하거나 아예 금지하고, 항공편 운항을 중단하고, 대형 공장은 물론 식당과 주점 등도 문을 닫게 했다.

이런 세계 각국의 사회적 거리두기 확산에 글로벌 산업활동은 사실상 중단되었다. 항공과 여행, 외식업에 이어 제조업도 타격을 입으면서 미국의 실업수당 신청자가 급격히 늘어났을 뿐만 아니라 전 세계 실직자들이 증가했다.

이렇듯 코로나19가 전 세계로 확산되면서 심각한 외생적 수요 및 공급 충격으로 실물경제가 위축되고 있다. 이러한 실물경제 위축이 회사채 등 금융시장으로 전파되어 금융위기로 나타날 수 있으며, 이것이 다시 경기침체로 이어지는 악순환에 빠질 가능성이 높아졌다. 한편 지난 2008년 금융위기 이후 저금리와 양적 완화로 미국 증시는 11년째 역대 최장 강세장을 펼쳐왔다. 그러다

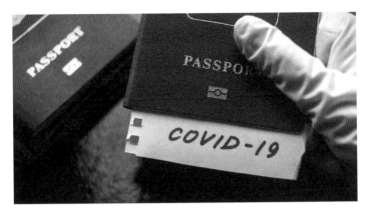

코로나19로 인해 각국은 국경 봉쇄 조치를 취했다.

코로나19로 인해 2020년 3월 19일 미국을 비롯한 전 세계 증시가 폭락했다. 이는 곧 코로나19로 인한 침체가 저금리로 그동안 쌓여온 부채의 뇌관을 건드릴 수 있다는 우려 때문이었다.

2008년 금융위기 이후 인구 구조상 은퇴 인구가 많아지며 소비 성향의 구조적인 변화로 제조업 위주의 경제가 쇠약해지면서, 이에 기반한 자영업 위주의 오프라인 서비스 산업이 하락의 길로 가고 있는 중이었다. 이로 인한 세계경제의 저성장 등으로 가계 및 기업의 부채가 늘어났지만, 중앙은행의 금리 인하로 부채 증가의 부담을 낮춰주고 있었다.

이러한 상황하에서 코로나19로 인한 경제적 쇼크는 일시적이라 하더라도 쇠약해진 가계 및 기업을 무너뜨릴 수 있는 힘을 가지고 있는 것이다.

코로나19로 타격받은 세계경제의 회복경로는?

코로나19로 타격을 받은 세계경제의 회복경로에 대해 V자형, U자형, L자형, W자형 등 다양한 시나리오가 나오고 있다. 즉 V자로 갈수록 빠른 경기 회복을, L자로 갈수록 장기적인 경기 침체를 의미한다.

V자형 시나리오는 전형적인 실물경제 충격시 나타나는 형태로, 생산량이 감소하지만 연간 성장률로 충격이 완전히 흡수되면서 결국 성장으로 돌아서게 되는 회복경로이다. 즉 V자 회복은 1~2개 분기 동안 침체를 겪은 뒤 회복하는 것을 의미한다.

2020년 상반기 내 미국과 유럽에서 코로나19 확산세가 멈추고 사회적 거리 두기 제한이 완화되면 V자 회복이 가능하다. 이렇게 되면 코로나19로 억눌렸던 소비가 정부의 대규모 경기부양책에 힘입어 빠르게 살아날 수 있다. 공장과 각종 서비스도 활기를 찾고 해고와 실업을 막으려는 정부의 노력은 성공적인 결실을 봐 2021년 초쯤이면 코로나19 이전의 경제 수준을 회복할 것으로 기대된다.

U자형 시나리오는 경제활동 재개가 점진적으로 이뤄지면서 충격이 상당기간 지속된 이후 완만하게 경기가 회복되는 경로이다. 코로나19 확산세가 지속됨에 따라 2020년 상반기 내에도 사회적 거리 두기 완화가 이루어지지 않아서 경기의 바닥국면이

길어지게 된다. 정부의 대규모 경기부양책 효과로 소비가 일부 회복되지만, 소비자들의 외식이나 쇼핑은 예전처럼 빠르게 늘어나지 않는다. 무엇보다 공장들과 작업장들이 완전 가동으로 돌아오는 데 시간이 필요하고, 코로나19 위기 중 없어진 일자리도 바로 복구되지 않기 때문이다.

가계나 기업은 코로나19 확산 중 발생한 빚을 갚아야 하고, 무역은 전 세계 공급망이 제자리를 잡는 데 시간이 필요해 더디게 회복된다. 이런 가정 아래에서 경기회복은 2020년 말이 지나야 현실화하게 된다.

L자형 시나리오는 실물경제와 금융시장이 동시에 위기상황에 내몰리고 노동시장, 자본형성, 생산성 등 경제 공급이 파괴되는 수준의 심각한 구조적 피해가 있을 때 나타나는 형태이다.

코로나19 확산세가 2020년 하반기까지 영향을 미침에 따라 사회적 거리 두기도 2020년 하반기에나 완화되어, 이때까지 경기 하강 국면이 지속된다. 이 시나리오에서는 사람들이 서비스 지출을 계속 줄이고 집에 머물며 휴일을 즐기지 않게 된다. 코로나19 위기 중 쌓인 부채는 더 갚기 어려워져 채무불이행과 기업 도산이 잇따르면서 금융위기가 초래될 가능성이 있으며, 주식시장은 반등하지 못할 것이다. 정부는 추가적인 경기부양책을 마련해야 하지만 효과를 보는 데는 시간이 걸리게 된다.

W자형 시나리오는 코로나19가 물러간 줄 알았는데 다시 찾

아오는 경우다. 경제가 V자형 반등을 이루더라도 코로나19가 2020년 3분기에 다시 찾아오면 위기를 맞을 수 있다. 코로나19가 다시 찾아오면 세계 각국은 코로나19 확산을 막기 위한 각종 제한 조치들을 다시 시행하고 기업들도 다시 문을 닫아 경제 불확실성이 높아질 수 있기 때문이다. 이에 따라 다시 경기 침체로 빠져들면서 이중침체로 이어지는 것이다.

2000년 이후 지금까지 나타난 주요 유행성 전염병으로는 2002~2003년의 사스, 2009년의 신종플루, 2015년의 메르스(MERS) 등을 들 수 있다. 사스의 경우 주요 발병국인 3국 경제(홍콩, 대만, 싱가포르)에 미친 영향은 일시적이었다. 발병기간인 2002년 4분기부터 2003년 2분기 3국 GDP 성장률은 확연한 둔화를 보였다. 특히 2003년 2분기에는 3국 GDP가 모두 마이너스 성장했지만 사태 종료 이후인 2003년 3~4분기에는 3국 모두에서 사스 발생기간의 성장률 하락폭을 상쇄할 만큼 성장률이 급반등하면서 V자형 형태를 보여주었다.

메르스(MERS)의 경우에도 한국경제에 끼친 영향은 일시적이었다. 한국 GDP에 끼친 영향은 미미했고, 다만 민간소비와 일부 업종에 가시적 영향을 미쳤다.

이러한 사스나 메르스는 국지적 발발에 그쳤다. 하지만 코로나19는 전 세계적 확산에 이른 점이 중요한 차이이며, 지속기간도 사스나 메르스는 비교적 단기에 그쳤으나 코로나19는 아직

코로나19가 발병하자 사재기 현상으로 인해 슈퍼마켓의 선반이 텅 비었다.

예측하기 어렵다.

코로나19 위기는 전염병이 경제시스템에 충격을 준 것이다. 그러므로 세계경제의 회복경로 형태는 코로나19의 지속기간과 더불어 이에 따른 경기침체로의 전이 가능성이 관건이 될 것으로 예상된다.

또한 각국의 중앙은행과 정부가 마련한 대책들이 훨씬 더 커질 수 있는 손실을 얼마만큼 흡수할 수 있느냐도 관건이 될 것이다.

코로나19의 변수는 현재로서는 예측 불가능하다. 그렇기 때문에 백신이나 치료제가 나올 때까지 주식시장에서는 대응의 영역으로 접근하는 것이 바람직하다고 판단된다.

코로나 이후 사회경제에 미칠 미시적 변화에 주목하자

코로나19로 인해 언택트 비즈니스가 떠오르고 있으며,
디지털 트랜스포메이션의 흐름도 본격화되고 있다.

언택트 현상이 빠른 속도로 확산되고 있다

2008년 서브프라임 금융위기 이후 세계경제는 저성장, 저금리, 저물가가 지속됨에 따라 예전에 비정상적으로 보였던 일들이 점차 아주 흔한 표준이 되어가고 있는데, 이런 현상을 일컬어 뉴노멀(New Normal, 시대 변화에 따라 새롭게 떠오르는 기준)이라고 했다. 즉 저성장과 고위험이 공존하는 가운데 세계경제는 구조적 장기 침체 국면에 접어들었다.

　이러한 저성장을 탈피하기 위해 그동안 양적 완화가 적극적으로 단행되었다. 또한 많은 기업과 정부기관이 정보통신기술의 효율성 향상과 비용 절감에 초점을 맞추기 시작했다.

다른 한편으로는 정보통신기술의 발달로 시·공간 제약이 없어지는 환경하에서 인구 및 산업 측면에서 구조적 변화가 진행 중에 있다.

어찌보면 이런 뉴노멀(New Normal)이 제4차 산업혁명을 등장하게 만든 요인이기도 하다. 즉 제4차 산업혁명은 제조업 중심의 산업구조에서 제조업이 정보통신기술과 결합하는 산업구조로 전환하는 과정이다.

뉴노멀 시대에서 코로나19 위기로 우리의 인식과 습관이 크게 달라져 사회경제적으로 구조적인 변화가 일어날 것이다. 무엇보다 전염병을 포함한 각종 위기는 새로운 기술과 비즈니스 모델 도입을 촉진시켰다. 가령 아시아 외환위기는 중국경제의 부상과 경제 글로벌화를 이루었고, 인터넷 혁명으로 온라인이 새로운 산업으로 자리 잡았다. 또한 지난 2003년 사스 발병은 중국 소비자들이 온라인 쇼핑을 받아들이게 만들었고 알리바바의 성장을 가속화시켰다.

코로나19 이후 감염확산을 막기 위해 사회적 거리두기 등 우리 일상에서 많은 변화가 일어나고 있다. 이에 따라 일, 의사소통, 관계 등에서 새로운 방식 등이 등장하고 있다. 즉 온라인을 통한 소비, 재택근무, 비즈니스, 교육 등 비대면 인간관계가 전통적인 오프라인 인간관계를 대체하면서 일상화되고 있다.

코로나19로 인해 최근 화상회의 등 비대면 활동이 활발해지고 있다.

이와 같이 사회경제적 측면에서 비대면 기반의 언택트(Untact) 현상이 빠른 속도로 확산되고 있다. 언택트란 접촉을 의미하는 컨택트(contact)에 반대 또는 부정의 의미인 접두어 언(un-)을 붙인 신조어로 '비접촉, 비대면'을 의미한다.

일상생활과 경제활동의 온라인화에 주목하자

쇼핑부터 일터, 교육, 의료 등 많은 서비스가 온라인으로 전환되면서 언택트 비즈니스가 떠오르고 있다. 우선 온라인 쇼핑과 택배 등 운송물류시스템이 활성화되고 있으며, 이용자의 요청에 따라 원하는 서비스를 제공하는 음식 배달 서비스 같은 온디맨드(On-Demand) 플랫폼도 확산되고 있다.

여기에 재택근무가 보편화되면서 기업과 공공기관의 주요 의사결정이 온라인 화상회의를 통해 이루어지고, 데이터의 원격 접속과 공유가 활발해지면서 디지털 데이터산업의 수요가 급증하고 있다.

또한 5세대 이동통신이 인프라 기술로 확장되면서 증강현실(AR), 가상현실(VR), 동영상 등이 여러 비즈니스에서 활용되고 있으며, 다양한 콘텐츠 서비스는 초개인화 기술이 적용되어 개인화된 플랫폼으로 진화되고 있다. 즉 집에서 증강현실(AR)과 가상현실(VR) 등을 활용한 사이버 모델하우스와 부동산 매매, 가상 여행 체험, 홈트레이닝, 홈엔터테인먼트 등이 활성화되고 있다.

다른 한편으로는 코로나19로 인해 논의만 되었지 진행되지 못했던 미래의 계획이 현실로 앞당겨진 경우도 있다. 대학에서부터 시작해서 초·중·고교까지 확대된 온라인 원격 수업과 원격의료가 대표적인 사례이다.

이미 이전부터 사이버 대학 등을 통해 온라인 강의를 시작했던 대학을 비롯해서 각급 학교는 미래 교육 혁신의 일환으로 오프라인 수업을 보완·대체하기 위해 개발 중이던 프로그램들을 코로나19로 전면 실시된 온라인 수업을 통해 빠르게 현장에 적용시키고 있다.

또한 원격의료는 그 필요성과 전 세계적인 추세에도 불구하고 지난 2000년에 시범사업을 시행한 이후 지금까지도 의료계의 반

코로나19로 인해 사상 초유의 온라인 원격 수업을 경험했다.

발로 좀처럼 시행되지 못하고 있었다. 하지만 현재 코로나19 확산에 따른 감염 공포로 인해 원격진료가 한시적으로 허용되고 있다.

그동안 세계적인 의료 기술과 IT 기반을 갖추고도 원격의료를 시행하지 못했던 상황에서 코로나19로 인한 원격진료의 한시적 허용은 원격의료의 미래를 앞당긴 것으로 평가될 수 있다.

이처럼 코로나19로 인해 일상생활과 경제활동의 온라인화가 신속히 이루어지고 있다. 무엇보다 최근 수년간 제4차 산업혁명으로 디지털 트랜스포메이션의 흐름이 본격화되면서 비즈니스 모델의 혁신이 빠른 속도로 일어나고 있다. 이러한 언택트 라이프 스타일 확산을 가능하게 하는 기저에는 바로 디지털 트랜스포메이션이 있다.

그동안 디지털 시대가 요구하는 시대적 변화 흐름에 소극적, 보수적으로 대응해온 기업들을 중심으로 디지털 트랜스포메이션을 활발하게 적용할 것으로 예상된다. 가령 기존 시스템을 클라우드 서비스에 연계시키는 수요가 폭발적으로 증가할 것으로 기대된다.

한편 건강과 웰빙에 대한 관심 또한 지속될 것이다. 코로나19로 인한 다양한 정보 및 건강관리를 위한 각종 위생 대책들은 개인을 넘어 사회 전반에 긍정적인 영향을 미칠 것이다.

코로나 이후 거시적 관점에서
어떤 변화가 일어날까?

글로벌 가치사슬 재편은 탈세계화와 맞닿아 있다.
보호무역주의 심화, 핵심 전략물자의 무기화가 예상된다.

디지털화가 최대 화두로 부상할 것이다

중국이 지난 2001년 세계무역기구(WTO)에 가입한 뒤 미국, 유럽, 일본 등 다국적 기업을 위한 부품과 제품을 생산하면서 급속도로 '세계의 공장'이 되었다. 이처럼 중국 제조업의 세계공급망 형성으로 저렴한 가격의 다양한 상품이 세계시장에 공급되었다.

코로나19로 인해 특정 지역의 교통망 폐쇄, 이동 통제 등이 시행되자 대다수 기업들이 공급망 운영에 차질을 빚어 심각한 장애가 초래하는 등 글로벌 공급체계 위기관리의 허점이 발생했다. 특히 원가 절감을 위한 재고 최소화를 위해 원부자재 공급을 중국 등 소수의 국가에 의존하는 전략을 쓰던 기업들은 치명적인 피해를 입었다.

무엇보다 중국 우한에서 시작된 비경제적 리스크인 코로나 19가 중국 내에 국한되지 않고 세계 각국으로 퍼지면서 전 세계 공급망을 마비시키고, 생산과 소비를 급락시키며, 전면적 글로벌 경제위기로 비화된 것은 글로벌 가치사슬의 국가 간 연계가 심화되었기 때문이다.

이에 따라 코로나19 이후에도 확장된 글로벌 네트워크의 불안전성과 불확실성을 회피하기 위해 중국 등을 중심으로 구축된 글로벌 가치사슬의 재편이 불가피해졌다.

기존에는 글로벌 공급망 구축 및 생산거점 배치에서 시장 접근과 비용 절감이 주요 결정 요인이었으나, 감염병에 의한 생물학적 위험과 이동 제약 가능성이 새로운 요인으로 등장했다.

이에 따라 이제 기업들은 저비용, 고효율, 적시공급 등이 아닌 위기관리의 관점에서 다각화되고 회복력을 갖춘 글로벌 가치사슬을 구축해야 한다.

중국 등 특정국에 집중된 글로벌 공급망에서 벗어나 베트남, 말레이시아, 인도네시아, 태국 등 신남방지역이 글로벌 가치사슬 재편에서 새로운 대안으로 부상하고 있다. 이를 활용해 자국 내 조달 및 생산기반을 확장하려는 주요국의 산업정책도 강화되고 있다. 이는 전략 부문과 핵심 산업의 공급망 자립화, 생산기반의

리쇼어링, 디지털 전환과 산업지능화 등을 촉진하는 계기로 작용할 것이다.

또한 코로나19 사태는 노동집약형 제조업을 중심으로 공급 차질이라는 문제를 만들었다. 노동력에 대한 높은 의존도를 낮추지 못하는 한 유사한 문제가 반복해서 발생할 수 있다. 이를 근본적으로 해결하기 위해서 향후 글로벌 가치사슬 재편시 빅데이터, IoT, 블록체인 기술을 통한 정보화 및 지능화 측면에서의 관리시스템 마련과 더불어 로봇, 3D 프린팅 기술을 이용한 생산자동화 등 디지털화가 최대 화두로 부상할 것이다.

이렇게 되면 글로벌 가치사슬상에서 제조업과 서비스업 간 융합이 더 강화될 수 있을 것이다. 이러한 제조업의 서비스화를 통해 제조업 내 서비스의 부가가치 기여 증대 등 새로운 가치 창출 등이 가능할 것이다.

글로벌 가치사슬의 재편이 이루어진다

코로나19 이후에는 전통적인 중간재, 인력이동을 통한 글로벌 가치사슬 연계보다 디지털화를 통한 데이터나 원거리 서비스 투입을 통한 글로벌 가치사슬 연계가 강화되면서 질적 변화가 가속화될 것이다. 이러한 글로벌 가치사슬 재편은 '세계화의 종언'

자국 우선주의 정책을 펼치고 있는 미국의 트럼프 대통령

과 맞닿아 있다.

이에 따라 이미 전 세계적으로 확산 중인 보호무역주의를 심화시킬 가능성이 높을 뿐만 아니라 필수 원자재의 수출 교역이 단절되어 핵심 전략물자가 무기화될 가능성이 커졌다.

한편 트럼프 미국 대통령은 취임 후 중국 상품에 대해 높은 관세를 부과하고, 미국 기업들로 하여금 중국에 세운 공급 라인을 해체해 본국으로 옮기게 하거나, 다른 나라들로 옮기도록 함으로써 미국경제를 중국으로부터 분리하려 했다. 이렇게 코로나19 사태 이전부터 탈세계화(de-globalization) 트렌드가 진행되고 있었다.

또한 코로나19라는 외생적 충격으로 향후 각국의 자립도는 더욱 강화될 가능성이 높다. 즉 경기부양을 위한 G20 차원의 공조가 효과적이었던 2008년 글로벌 금융위기와는 달리, 자국민의 생명이 위협받는 상황 속에서 무역자유화를 위한 공조는 어려운 상황이다.

또한 최근 미국 행정부가 코로나 사태의 책임을 중국에 돌리며 추가관세 부과를 재개할 수도 있음을 언급했고, 중국이 이에 강력히 반발하면서 코로나 대응과 세계경제 침체 극복을 위한 국제공조에 걸림돌로 작용하고 있다. 코로나19 이후에도 물적·인적 자원의 이동에 제약이 생길 가능성이 높다. 따라서 국가간 장벽 확대 및 자국민 보호 우선주의가 더욱 발흥하게 될 것이다.

코로나 충격을 완화하기 위한
각국의 금융 및 재정정책에 주목하자

각국의 적극적인 정책대응은 금융시장을 안정시키고,
이를 통해 기업 및 가계의 생존 가능성을 높일 것이다.

미국과 유럽의 발빠른 금융 및 재정정책

전 세계적으로 코로나19가 확산됨에 따라 각국은 이번 사태로
인한 사회·경제적인 피해를 최소화하기 위해 노력하고 있다. 특
히 다양한 형태의 금융 및 재정 정책을 빠른 속도로 마련해 시행
하고 있다.

첫째, 미국 금융정책의 경우 중앙은행인 연방준비제도는
2020년 3월 3일과 15일 기준금리를 각각 0.5%p, 1.0%p 인하해
제로금리 정책을 시행하고 있다. 이러한 환경하에서 3월 15일 최
소 7천억 달러 규모(국채 5천억 달러, 모기지증권 2천억 달러)의 4차

양적완화 시행을 발표했으며, 3월 23일 그 규모를 무제한으로 확대했다.

또한 4월 9일 연방준비제도는 2조 3천억 달러 규모의 유동성을 공급해 모든 규모의 가계 및 사업장을 지원하고, 코로나19 확산 기간 동안 주요 서비스를 제공하기 위한 연방 및 주 정부의 능력을 강화할 것이라고 발표했다.

미국 재정정책의 경우 트럼프 행정부와 의회는 코로나19 확산에 따른 경기침체를 막기 위해 지금까지 총 2조 8천억 달러 가량의 부양책을 마련했다. 즉 1차 83억 달러와 2차 1천억 달러의 부양책은 의료장비 구입 등 긴급 보건위기 대책이었고, 3차 2조 2천억 달러와 4차 4,840억 달러의 부양책은 경제 셧다운 피해 완화가 주된 내용이다.

이제는 미국 민주당이 1조 달러 규모의 5차 경기부양책을 추진한다. 이 경기 부양책에는 주 정부와 지방정부에 대한 지원안 외에 근로자·사업체·가족이 코로나19 사태 위기를 극복할 수 있도록 돕기 위한 수천억 달러 예산도 포함되어 있다. 개인에 대한 현금 직접 지급과 함께 의료 장비 제공, 실업 보험 지원 등에도 상당한 액수가 책정되었다. 아울러 지방에 인터넷망을 설치하기 위한 예산 수백억 달러도 포함하기 위해 추진 중이다.

또한 인프라 예산도 포함될 것이다. 트럼프 대통령은 2016년 대선 때 1조 달러의 인프라 사업을 통해 수십만 개의 일자리를

유럽의회 건물. 유럽도 대규모의 금융 및 재정정책을 발표했다.

창출하고 도로·교량·항구·공항을 재건하겠다고 공약했으며, 민주당도 공공 시스템 개선, 병원 수용량 증설, 원격근무·온라인학습·원격진료에 필요한 통신망 업그레이드를 주장해왔었다. 하지만 2019년 5월 트럼프 대통령과 펠로시 의장은 백악관 회동에서 2조 달러 규모의 인프라 예산의 필요성에 합의했지만 재원 확보 문제를 놓고 난항을 거듭하고 있다.

현재 코로나19로 심각한 경기침체가 예상되는 데다 트럼프 대통령이 직접 대규모 부양책을 공론화한 만큼 인프라 예산에 대한 논의가 급물살을 탈 수 있을 것으로 예상된다.

둘째, 유럽 금융정책의 경우 금리인하 여력 부족으로 정책금리 인하는 보류했으나 2020년 말까지 8,700억 유로 규모의 자산 매입을 추가 실시해 연간 양적완화 규모를 1.11조 유로로 확대할 예정이다.

또한 유럽의 재정정책의 경우 2020년 4월 9일 5,400억 유로 규모의 공동 대응방안에 합의했다. 주요 EU 회원국에서도 기업의 유동성 공급 및 고용유지 지원 등을 포함하는 대규모 재정패키지를 발표했다.

각국의 정책대응을 파악하자

셋째, 중국의 금융정책은 정책금리 인하에 신중하게 접근하고 있어 주요국 대비 금리인하폭은 작은 편이나 직·간접적인 수단을 활용해 취약 부문에 대한 유동성 공급에 집중하고 있다.

또한 위안화 가치 안정을 위해 역외 위안화 채권을 발행했고, 회사채의 신속한 발행을 지원하기 위한 프로그램을 신설했다.

중국은 적극적인 재정정책을 통해 경기부양에 집중하고 있으며 전체적인 윤곽과 규모는 최대 정치행사인 양회(5월 21~22일)에서 공개될 예정이다.

무엇보다 신형 인프라(항만, 철도, 고속도로 등 전통적 인프라와 구별하기 위해 제시된 개념으로 5G, 특고압 송전, 도시철도, 신에너지 자동차 충전소, 데이터센터, 인공지능, 산업인터넷 등의 7개 분야를 지칭) 투자 비중이 클 것으로 전망되며, 중앙정부는 이를 위해 양회 개최

전 지방정부의 재정지출 여력을 상향 조정할 예정이다. 또한 보조금 지급, 소비쿠폰 발행 등 소비 부양책도 실시하고 있다.

넷째, 일본의 금융정책은 이미 마이너스 금리정책을 펼치고 있어 추가적인 금리인하에 한계가 존재하지만 금융시장 안정을 위한 긴급유동성 공급 및 자산매입규모 확대 계획을 발표했다. 또한 기업의 원활한 자금조달을 위해 금융기관을 통한 기업금융 지원을 확대했다.

일본 재정정책의 경우 2020년 2월 13일과 3월 10일 두 차례에 걸쳐서 긴급대응책을 발표한 데 이어 4월 7일 역대 최대규모의 경제대책과 추경예산안을 결정했다.

마지막으로 우리나라 금융정책은 2020년 3월 16일 한국은행이 기준금리를 0.5%p 전격인하해 연 0.75%로 결정되면서 사상 첫 0%대 제로금리시대가 열렸다.

또한 3월 26일 한국은행은 4월부터 매주 1회 RP 매입을 통해 유동성을 한도 제한없이 공급한다고 밝혔으며, 4월 16일 임시 금통위를 통해 은행·증권·보험사에 대한 금융안정특별대출제도를 의결했다.

우리나라 재정정책의 경우 제1~4차 비상경제회의에서 총 150조 원 규모의 지원대책을 발표했다. 즉 실물 피해대책 32조 원, 금융 안정대책 100조 원, 추가 보강대책 20조 원 등이다.

이어 4월 22일 열린 제5차 비상경제회의에서 약 90조 원에 이르는 기간산업 지원 및 고용안정 대책을 발표했다. 여기에는 40조 원 규모의 기간산업 안정기금을 조성해 항공·해운·자동차·조선 등 주요 산업을 지원하되 고용 유지와 임직원 보수 제한 등의 조건을 부여하기로 했다. 또한 회사채 매입과 소상공인 지원에 35조 원, 긴급 고용안정대책에 10조 원도 추가했다.

이와 같은 각국의 적극적인 금융 및 재정정책 대응은 위기상황에서 금융시장을 안정시킬 수 있을 것이다. 뿐만 아니라 이를 통해 기업 및 가계의 생존 가능성을 높이는 데 긍정적인 역할을 할 것이다.

코로나 이후
돈 되는 주식은 이것이다

위기가 기회가 될 언택트 라이프, 디지털 트랜스포메이션,
스마트 헬스케어, 재정정책 관련 주식에 주목해야 한다.

큰 위기에도 바닥 확인 후 반등하는 주식시장

'서브프라임모기지 사태'라고도 불린 2008년 금융위기는 주택
버블이 터지고 주택담보대출을 기반으로 하는 금융상품에 대한
가격 폭락 및 대출 회수 불능으로 대규모 투자은행들이 도산하
면서 발생했다.

2008년 당시 코스피는 5월 16일 고점 1888.88p에서 리먼 파
산 다음 영업일인 9월 16일에는 1387.75p으로 24.5%까지 떨어
졌고, 10월 24일에는 938.75p까지 급락했다. 또한 코스닥은 5월
16일 고점 652.56p에서 리먼 파산 다음 영업일인 9월 16일에는

2008년 금융위기를 대서특필한 당시의 신문 기사

429.29p으로 34.2%까지 떨어졌고, 10월 27일에는 261.19p까지 급락했다.

금융위기 미국 정부는 저금리 정책(2008년 12월 0.25%까지 인하, 2015년까지 0%의 기준금리를 유지)과 더불어 대규모 재정지출 확대를 통해 경제 회생을 도모했다.

특히 오바마 대통령이 당선된 직후 서명한 미국 경기회복 및 재투자법(American Recovery and Reinvestment Act)은 그 당시 경기부양책으로는 역사상 최고액인 7,870억 달러 규모의 자금을 지원했는데, 이중 녹색산업 지원액이 941억 달러로 전체 자금의 약 12%를 차지했다. 이는 오바마 대통령이 후보 시절에 부시 정부의 보수적이고 소극적인 기후변화 정책을 비판하고 기후변화에 대한 강력한 대응을 약속하면서 환경적으로 건전하고 지속가능한 발전(Environmentally Sound and Sustainable Development)을 전면에 내세운 그린뉴딜 논의를 선거 공약으로 채택했기 때문이다.

화석연료에 대한 의존성을 극복하고 저탄소·친환경 경제로 전환하기 위한 오바마 정부의 그린뉴딜 정책은 에너지를 생산하는 방식, 에너지를 소비해서 사람과 물건을 수송하는 방식, 에너지를 소비하는 건물 구조 그리고 새로운 경제체제에 적합한 지식과 기술을 갖춘 인적자본에 대한 대규모 사회적 투자 등으로 구성되어 있었다.

이러한 그린뉴딜 정책으로 말미암아 2008년 금융위기 이후 대규모 재정투입에 기초해서 신재생에너지, 전기자동차, 건물에너지효율화 등 녹색산업을 육성하고 녹색일자리를 창출하는 성과를 이루어냈다.

우리나라의 경우도 당시 이명박 대통령이 2008년 8·15 경축사를 통해 녹색성장이란 단어를 강조하고 본격적인 저탄소 녹색성장을 기반으로 한 환경산업 확대에 드라이브를 걸었다. 2009년 1월 정부는 앞으로 4년간 50조 원의 재정을 투입해 96만 명의 일자리를 만들고 친환경적인 성장을 하겠다는 녹색뉴딜정책을 발표했다.

이러한 금융 및 재정정책 등에 힘입어 주식시장은 바닥을 확인하고 상승했다. 2008년 11월 20일부터 2009년 5월 20일까지의 코스피 및 코스닥 수익률은 각각 54.3%, 106.0%를 기록했다.

특히 불확실성한 매크로 변수로 인해 안정적인 성장성을 보여줄 수 있는 온라인 게임업체들과 더불어 그린뉴딜 재정정책의 기대감 반영으로 태양광, 풍력, 전기차 등 녹색성장 관련주들의 상승이 두드러졌다.

이에 따라 이 기간에 엔씨소프트(381.9%), 웹젠(349.9%), 엘엔에프(260.4%), 에코프로(201.0%), 태광(180.7%), 성광벤드(158.5%) 등이 상승을 주도했다.

엔씨소프트 시가총액 추이

(십억원) ―― 시가총액

자료 : 한국거래소

2008년 금융위기 이후 불확실성한 매크로 변수로 인해 안정적인 성장성을 보여줄 수 있는 온라인 게임업체인 엔씨소프트의 주가 상승률이 높았다.

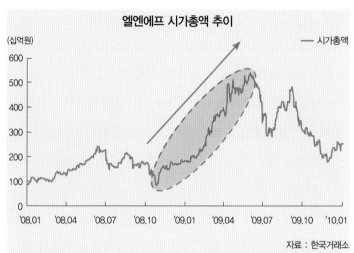

엘엔에프 시가총액 추이

(십억원)

—— 시가총액

2008년 금융위기 이후 그린뉴딜 재정정책의 기대감 반영으로 태양광, 풍력, 전기차 등 녹색성장 관련주들의 상승이 두드러진 가운데 엘엔에프의 주가 상승률이 높았다.

자료 : 한국거래소

태광 시가총액 추이

(십억원)

—— 시가총액

2008년 금융위기 이후 그린뉴딜 재정정책의 기대감 반영으로 태양광, 풍력, 전기차 등 녹색성장 관련주들의 상승이 두드러진 가운데 태광의 주가 상승률이 높았다.

자료 : 한국거래소

미국 주식시장에서 코로나 뉴노멀이 떠오른다

코로나19로 인한 실물경기 위축이 경제위기로 전이될 가능성이 높아지면서 전 세계 주식시장은 2020년 3월에 하락했다. 이에 대해 미국 중앙은행인 연방준비제도는 기준금리를 제로금리 수준으로 인하했으며, 이와 더불어 무기한·무제한 양적완화를 빠르게 진행하고 있다.

또한 트럼프 행정부와 미국의회의 움직임도 분주하다. 코로나19 확산에 따른 경기침체를 막기 위해 부양책을 마련해 집행 중에 있다.

이러한 세계 각국의 적극적인 금융 및 재정정책 등에 힘입어 각국의 주식시장도 바닥을 확인하고 상승하고 있는 중이다. 즉 2020년 3월 19일부터 4월 17일까지 코스닥 48.2%, 코스피 31.3%, 다우 20.7%, 나스닥 21.0%, S&P 500 19.3%의 상승률을 기록했다.

이 기간에 미국 주식시장에서 52주 신고가를 기록한 종목과 바닥에서 빠르게 상승한 주요 종목들과 그 상승률을 살펴보면 다음과 같다.

Amazon.com(클라우드 컴퓨팅, 이커머스, AI, 유통 등) 26.0%, JD.com(영상 대여 및 판매, 온라인 유통) 24.8%, Walmart(유통) 10.4%, General Mills(식품 가공) 13.0%, Netflix(영상 대여 및 판

매, 온라인 스트리밍) 27.4%, NetEase(게임) 20.9%, Activision Blizzard(게임) 23.6%, Equinix(클라우드 컴퓨팅 및 데이터센터 등) 26.4%, Teladoc Health(메디컬 케어) 26.0%, Zoom Video Communications(화상회의 서비스) 22.0%, Citrix Systems(클라우드 컴퓨팅 및 소프트웨어 등) 21.1%, Eli Lilly and Company(제약) 18.3%, Tesla(전기자동차 및 2차 전지) 76.3%, Nvidia(그래픽 칩셋 및 자율주행 차량 등) 37.4% 등이다.

이들 주식들을 카테고리로 분류하면 변화되는 세상인 코로나 뉴노멀과 관련된 '언택트 라이프 스타일, 디지털 트랜스포메이션, 건강' 등이다. 주식시장의 선행성을 고려할 때 이는 곧 변화되는 세상에서 이러한 종목들이 향후 성장성 등이 가시화될 수 있다는 것을 보여주는 것이다.

♦ 2020년 3월 19일~2020년 4월 17일 국내 및 미국 주요 지수 수익률

지수	수익률
코스닥	48.2%
코스피	31.3%
다우	20.7%
나스닥	21.0%
S&P 500	19.3%

자료 : 한국거래소

◆ 2020년 3월 19일~2020년 4월 17일 해외기업 수익률

종목	업종	수익률	내용
Amazon.com	클라우드 컴퓨팅, 이커머스, AI, 유통 등	26.0%	코로나19 영향으로 인한 홀푸드 식료품 주문 배달 서비스 등의 수요 증가분 반영
JD.com	온라인 유통	24.8%	코로나19 영향으로 인한 즉석식품 등의 온라인 판매 증가분 반영
Walmart	유통	10.4%	코로나19 영향으로 인한 생필품 등의 대량구매 수요 증가분 반영
General Mills	식품 가공	13.0%	코로나19 영향으로 인한 외식 수요 감소 및 봉쇄 요리(lockdown cooking) 수요 증가분 반영
Netflix	영상 대여 및 판매, 온라인 스트리밍	27.4%	코로나19 영향으로 인한 신규 구독자수 증가분 기대감 반영
NetEase	인터넷, 게임, 미디어 등	20.9%	코로나19 영향으로 인한 대표 게임인 'Peacekeeper Elite' 등의 3월 매출 증가 기대감 반영
Activision Blizzard	게임 소프트웨어 개발 및 공급	23.6%	코로나19 영향으로 인한 대표 게임인 '오버워치' 등의 매출 증가 기대감 반영
Equinix	클라우드 컴퓨팅 및 데이터센터 등	26.4%	코로나19 영향으로 인한 페이스북 등의 인터넷기업에 대한 소비 수요 증가와 이에 따른 서버임대매출 증가 기대감 반영
Teladoc Health	메디컬 케어	26.0%	코로나19 영향으로 인한 원격의료 서비스 이용 고객 증가분 반영
Zoom Video Communications	화상회의 서비스	22.0%	코로나19 영향으로 인한 화상회의 서비스 이용 고객 증가분 반영
Citrix Systems	클라우드 컴퓨팅 및 소프트웨어 등	21.1%	코로나19의 영향으로 인한 WFT (Work-From-Home)에 대한 기업들의 긍정적인 반응 및 이에 따른 매출 증가 기대감 반영

Eli Lilly and Company	제약	18.3%	당뇨병 환자가 코로나19에 노출되는 위험도 증가에 따른 당뇨약 매출 증가분 반영
Tesla	전기자동차 및 2차전지	76.3%	코로나19에도 불구하고 중국의 전기차 보조금 및 구매세 면제 정책이 2022년까지 연장되며 중국판매 기대감 반영
Nvidia	그래픽 칩셋 및 자율주행 차량 등	37.4%	코로나19 영향으로 인한 데이터센터의 GPU 수요 증가 기대감 반영

자료: Bloomberg

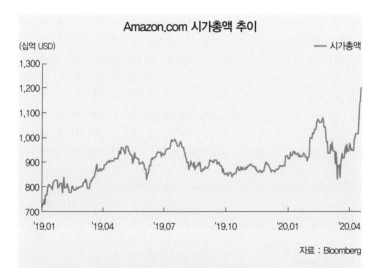

자료 : Bloomberg

글로벌 최대 온라인 리테일 사업자로서 코로나19로 인해 온라인 쇼핑 수요 급증에 따른 수혜 기대로 Amazon.com 주가가 상승하고 있는 중이다.

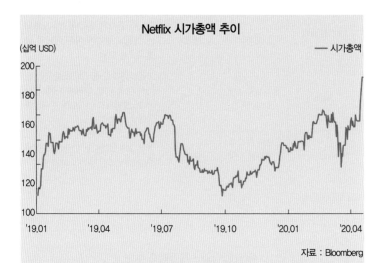

Netflix 시가총액 추이

(십억 USD)　　　　　　　　　　　　　　　 ── 시가총액

자료 : Bloomberg

글로벌 1위 온라인 스트리밍 서비스 업체로서 코로나19로 인해 영화관에 가는 대신 집에서 영화 및 드라마 시청 수요 증가에 따른 수혜 기대로 Netflix 주가가 상승하고 있는 중이다.

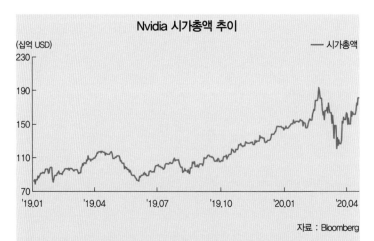

Nvidia 시가총액 추이

(십억 USD)　　　　　　　　　　　　　　　 ── 시가총액

자료 : Bloomberg

글로벌 최대 GPU(그래픽처리장치) 사업자로서 코로나19로 인해 데이터센터(Data Center) 와 게이밍(Gaming)에서의 수요 증가 기대감으로 Nvidia 주가가 상승하고 있는 중이다.

코로나19 위기가 기회가 될 기업들에 주목하라

코로나19 위기가 모든 생태계에 변화를 초래함에 따라 새로운 국
면인 코로나 뉴노멀이 전개될 전망이다. 코로나 뉴노멀에서는 개
인주의 성향과 디지털 기술을 통한 언택트 라이프 스타일이 가속
화될 것이며, 건강과 안전에 대한 인식의 전환이 일어날 것이다.

이에 따라 비즈니스의 무게 중심이 온라인으로 옮겨지고, 언
택트 서비스에 대한 선호가 두드러질 것이다. 즉 생필품 등의 전
자상거래, 운송, 재택근무, 원격의료, 게임 및 미디어 등 새로운
소비 트렌드가 형성되고 있다. 또한 5G가 인프라 기술로 확장되
면서 AR/VR, 동영상 등이 여러 비즈니스에서 활용되고 있으며,
뉴노멀 시대에 등장했던 다양한 콘텐츠 서비스는 초개인화 기술
이 적용되어 개인화된 플랫폼으로 진화되고 있다.

최근 수년간 제4차 산업혁명으로 디지털 트랜스포메이션의
흐름이 본격화되면서 비즈니스 모델의 혁신이 일어나고 있다. 이
러한 언택트 라이프 스타일의 확산을 가능하게 하는 기저에는
디지털 트랜스포메이션이 있다.

코로나19 이후에는 그동안 디지털 시대가 요구하는 시대적 변
화 흐름에 소극적·보수적으로 대응해온 기업들을 중심으로 디
지털 트랜스포메이션을 활발하게 적용할 것으로 예상된다. 가령
기존 시스템을 클라우드 서비스에 연계시키는 수요가 폭발적으

로 증가할 것으로 기대된다.

다른 한편으로는 면역력 증진에 도움을 줄 수 있는 건강기능식품에 대한 관심과 더불어 바이오 테크놀로지가 전면으로 부상하며 빅데이터와 인공지능 기술의 접목을 가속화하고 있다.

코로나19로 인한 변화들이 단기로 끝나는 것이 아니라 라이프스타일 변화로 지속될 수 있으므로 향후에도 포스트 코로나 시대에 관련된 종목들의 성장성 등이 부각될 수 있을 것이다.

코로나19로 인해 탈세계화가 진행될 것으로 예상되지만 주식시장의 동조화는 더 강화될 것이다. 왜냐하면 코로나19 위기를 탈피하기 위한 금융 및 재정정책들이 비슷한 시기에 비슷한 방법으로 전개될 것이기 때문이다. 또한 라이프 스타일의 변화가 공통으로 일어날 것으로 예상됨에 따라 전 세계적으로 관련 종목들의 성장성 부각에 주목하게 될 것이다. 따라서 우리나라 주식시장에서도 변화되는 세상에서 오히려 기회가 될 수 있는 기업에 주목해야 한다. 특히 다음의 기업들에 주목할 필요가 있다.

디지털 트랜스포메이션

- 솔루션: 삼성에스디에스, 롯데정보통신, 한컴MDS

- 인프라: 케이아이엔엑스, 에치에프알

- 보안: 파이오링크

- 하드웨어: 삼성전자, 싸이맥스, 인텍플럭스

언택트 라이프

- 결제: NHN한국사이버결제, KG모빌리언스, 갤럭시아컴즈

- 콘텐츠: 펄어비스, 스튜디오드래곤

- 플랫폼: 카카오, 네이버

- 신선식품: 지어소프트

- 재택근무: 알서포트

- 클라우드: 더존비즈온

- 오프라인제품: 에코마케팅

재정정책

- 대림산업, 현대상사, 동국S&C, 씨에스베어링, 그린플러스

스마트 헬스케어

- 디지털의료서비스: 비트컴퓨터, 유비케어, 레이

- 인프라: 메디아나, 제이브이엠

- 백신: SK케미칼

- 바이오: 에스티팜, 엔지켐생명과학

- 건강기능식품: 서흥, 노바렉스, 코스맥스엔비티

- 수술용로봇: 고영

♦ 코로나 이후 사야 할 주식

구분		종목
언택트 라이프	결제	NHN한국사이버결제, KG모빌리언스, 갤럭시아컴즈
	콘텐츠	펄어비스, 스튜디오드래곤
	플랫폼	카카오, 네이버
	재택근무	알서포트
	신선식품	지어소프트
	클라우드	더존비즈온
	오프라인 제품	에코마케팅
디지털 트랜스 포메이션	솔루션	삼성에스디에스, 롯데정보통신, 한컴MDS
	인프라	케이아이엔엑스, 에치에프알
	보안	파이오링크
	하드웨어	삼성전자, 싸이맥스, 인텍플러스
재정정책		대림산업, 현대상사, 동국S&C, 씨에스베어링, 그린플러스
스마트 헬스케어	디지털 의료서비스	비트컴퓨터, 유비케어, 레이
	인프라	메디아나, 제이브이엠
	백신	SK케미칼
	바이오	에스티팜, 엔지켐생명과학
	건강기능 식품	서흥, 노바렉스, 코스맥스엔비티
	수술용 로봇	고영

- 코로나 이후 언택트 라이프가 일상화되다
- 언제 어디서나 인프라에 대한 디지털 트랜스포메이션이 필요하다
- 한국판 뉴딜정책으로 경제회복과 혁신성장을 노린다
- 언택트 라이프 유망주
- 디지털 트랜스포메이션 유망주
- 재정정책 유망주

PART 2

언택트 라이프가
일상화되다 _
오프라인의 온라인화

코로나 이후
언택트 라이프가 일상화되다

소비, 재택근무, 비즈니스, 교육 등 언택트 비즈니스가
전통적인 오프라인 비즈니스를 대체하면서 일상화되고 있다.

시공의 제약에서 벗어나 온라인화가 일상화

코로나19 사태로 타인과의 접촉을 최대한 피하려는 언택트 (Untact) 라이프가 확산되고 있다. 이에 따라 일하고, 여가를 보내고, 소비하고, 배우고 가르치는 등 일상의 모든 방식과 행태에서 언택트의 중요성과 비중이 더 커지고 있다. 이는 곧 오프라인의 시간과 공간의 제약에서 벗어나 온라인화가 일상화되는 것이다.

코로나19 사태로 언택트 바람이 불면서 온라인 유통 분야는 호황을 맞고 있다. 몇 년 전부터 서서히 변해가고 있던 우리의 소비 행태가 코로나19의 영향으로 오프라인에서 온라인으로 옮겨

가고 있는 속도가 빨라지고 있다.

　무엇보다 온라인 유통을 생필품 구매 목적으로 활용하고 있다. 이에 따라 대표적 생필품 카테고리 중 하나이면서 온라인 유통 침투율이 낮은 신선 식품의 주문량이 폭증하고 있다.

　또한 기존에 오프라인 활동을 주로 하던 50대 이상의 중장년층들의 소비패턴도 변하고 있다. 즉 오프라인에서 온라인으로 이동하고 있는 것이다.

　이러한 온라인 유통 증가로 택배 등 배송 서비스가 확대되고 있을 뿐만 아니라 풀필먼트(fulfillment)용 물류센터 등의 투자가 활발하게 이루어지고 있다. 오프라인 유통의 거점을 물류의 거점으로 활용하는 사례도 늘어나고 있다.

　이러한 변화는 일시적인 것이 아니다. 소비자들의 습관화 및 편리성 인식 등으로 온라인 유통으로의 구조적인 변화는 코로나19 이후에도 지속적으로 확대될 것으로 예상된다.

　다른 한편으로는 코로나19로 전 세계적으로 지급결제 문화에도 지각변동이 일어나고 있다. 소비행태가 변화되는 환경하에서 현금, 카드 등 실물 결제수단을 통한 감염 우려가 증대됨에 따라 비접촉식 결제수단 이용 및 비대면 온라인 결제가 코로나19 발생 이전과 비교할 때보다 더욱 대중화되고 있다. 즉 코로나19 발생 이후 현금 결제는 감소하고 디지털 관련 결제가 확대되고 있다.

코로나19로 인해 실물 결제수단에서 비대면 온라인 결제가 확대되고 있다.

특히 오프라인에서도 정보통신(IT) 기술을 이용해 대면 접촉을 최소한으로 줄이는 언택트 라이프가 확산되고 있다. 결제를 위해 줄을 설 필요가 없으면서 대면 결제가 이루어지지 않는 O4O(Online for Offline, 온라인 데이터 및 서비스를 오프라인 활동에 결합하는 것) 서비스가 활발하게 적용되고 있다. 이는 곧 오프라인 결제의 온라인화가 이루어지는 것이기 때문에 온라인 결제업체에게 긍정적인 영향을 미칠 것이다.

또 다른 측면에서 언택트의 장점은 알지만 사회적 관습과 효과성 측면에서의 의문 등으로 보편화되어 있지 않은 재택(원격)근무가 코로나19로 인해 기존에 없었던 큰 변화가 일어나고 있다. 특히 재택(원격)근무가 어려웠던 이유 중 하나는 일이 잘되지 않을지 모른다는 걱정과 업무 프로세스가 익숙하지 않은 것에 있었는데, 그런 우려도 자연스럽게 불식되고 있다.

코로나19는 원격 근무가 가능한 모든 기업들에게 원격 근무를 강제로 학습시키고 있다. 즉 그동안 사무실에서 이루어졌던 업무 수행 방식을 바꾸는 거대한 실험이 시작된 것이다.

코로나 이후를 이해할 수 있는 키워드, 언택트 라이프

한 번 학습된 이 경험은 재택(원격)근무의 장점을 코로나19 이후에도 버리지 않을 가능성이 높다. 그러므로 앞으로 재택(원격)근무와 원격회의가 일상화될 수 있을 것이다.

이에 따라 재택(원격)근무 관련 기술은 지속적으로 발전하고, 직접 만나 회의를 하는 대신 화상회의를 하는 횟수도 늘어날 것이다. 이로 인해 기업들은 사무실 규모를 대폭 축소하게 되고, 결국 상업용 부동산 시장은 급격히 침체될 것이다.

또한 미팅 하나만을 목적으로 다른 나라를 여행하는 것이 꼭 필요하지 않다는 사실도 코로나19로 깨달았다. 앞으로 출장문화에도 변화가 예상된다.

코로나19 확산 방지를 위해 우리나라를 비롯해 미국, 유럽 등이 학교수업 대신 원격수업을 시행하고 있다. 이로 인해 보수적인 교육계에서 원격 문화에 대한 수용성이 향상되고 확산될 수 있는 계기가 마련되었다.

향후에는 등하교 중심의 전통적 교육시스템을 온라인 기반 시스템으로 혁신하기 위한 인프라를 구축할 것이다. 또한 온라인 교육이 일상화됨에 따라 고품질의 온라인 교육 콘텐츠 수요도 확대될 것이다.

한편 온라인의 가상세계와 오프라인의 현실세계 융합으로 경계가 사라지는 O2O(Online to Offline, 온라인과 오프라인이 결합하는 현상) 세상에서 가상현실(VR) 및 증강현실(AR) 등은 교육, 여행, 운동, 놀이 등 우리 인간의 삶 대부분의 영역을 결정적으로 바꿔놓을 것이다. 무엇보다 코로나19 확산 같은 특정 상황으로 인해 현실공간에서 충족시키기 어려운 수요가 생길 때도 가상현실(VR) 및 증강현실(AR) 등은 효과적인 대안으로 활용될 수 있을 것이다.

이렇듯 언택트 라이프의 일상화로 자연스럽게 인터넷과 게임을 접하는 시간이 늘어남에 따라 온라인동영상서비스(OTT) 및 게임 등 콘텐츠 소비가 증가하고 있다.

이러한 언택트 라이프는 전 세계적 팬덤을 기반으로 한 K-팝 쪽에선 기술을 기반으로 새로운 콘서트 형식을 만들고 있다. 슈퍼엠은 온라인 전용 유료 콘서트인 비욘드 라이브(Beyond Live)를 선보여, 120분 1회 공연(7만 5000여 명 접속)으로 약 25억 원의 수익을 냈다.

증강현실(AR)을 이용한 회의 모습

    온라인 공연은 기존의 무대와 관객의 거리를 없애고, 실시간 쌍방향 소통과 아티스트의 빈번한 클로즈업 연출 등으로 문화콘텐츠 생산 방식과 소비자들의 문화 소비 방식에 일대 대전환을 가져올 것으로 보인다. 향후에는 온라인 라이브 콘서트가 오프라인 공연을 완전히 대체하기는 어렵겠지만 O2O 서비스로 확대될 것이다.

    또한 최근 주요 대형 유통업체들이 실시간 판매 플랫폼 제작에 나서면서 라이브 커머스(상품을 온라인 스트리밍 방송을 통해 실시간으로 소개하면서 소비자에게 판매하는 방식)가 관련 시장은 더욱 더 커지고 있다.

    그동안 라이브 커머스는 인스타그램, 페이스북 등 소셜 네트워크 서비스(SNS) 플랫폼에서 영향력 있는 개인들이 상품을 판매하는 형태가 주를 이루었다. 하지만 언택트 라이프의 일상화로 대형 유통업체들의 또 다른 판매채널로 활용될 것이다.

이에 따라 언택트 라이프의 제품과 서비스 시장이 향후 본격적으로 성장할 것으로 예상된다. 당연히 이를 제공하는 업체들도 호황을 누릴 것으로 기대된다.

언제 어디서나 인프라에 대한
디지털 트랜스포메이션이 필요하다

언택트 라이프 스타일의 확산을 가능케 하는 기저인
디지털 트랜스포메이션이 앞으로 가속화될 것이다.

디지털 트랜스포메이션의 등장 배경

디지털 트랜드포메이션의 정의부터 명확히 알아야 한다. IDC에 따르면 디지털 트랜스포메이션을 기업이 새로운 비즈니스 모델, 제품, 서비스를 창출하기 위해 디지털 역량을 활용함으로써 고객 및 시장의 파괴적인 변화에 적응하거나 이를 추진하는 지속적인 프로세스라고 정의내리고 있다.

이러한 디지털 트랜스포메이션이 사회경제적으로 제3차 산업 혁명에서 제4차 산업혁명으로 전환하는 계기를 마련해준다. 즉 제3차 산업혁명의 기저에는 PC와 인터넷 사용이 있었으며, 이러한 것을 바탕으로 제4차 산업혁명인 O2O(Online 2 Offline) 세상으로 이동시키는 것이 바로 디지털 트랜스포메이션이다.

코로나19가 전 세계적으로 경제와 산업뿐만 아니라 사람들의 일상생활에도 큰 변화를 일으키고 있다. 사회적 거리두기로 인한 언택트 라이프가 지속되면서 온라인 비즈니스가 크게 성장하고 있다. 이에 따라 오랜 기간 화두가 되었던 디지털 트랜스포메이션을 기업뿐 아니라 일반인들도 절실하게 체감하게 되었다.

이러한 언택트 라이프의 근간에는 클라우드 서비스가 있다. 클라우드는 기업 내에 서버와 저장장치를 두지 않고 외부 서버에 맡겨 쓰는 서비스를 의미한다.

재택근무, 화상회의, 온라인 수업 등 점점 증가하는 데이터에 유연하게 대응할 수 있기 때문에 언택트 라이프 환경하에서 클라우드 서비스 사용은 증가할 것이다. 즉 클라우드 서비스는 각각의 기업마다 직접 서버를 구축하고 관리하기보단, 비용이 상대적으로 싸고 관리가 편리하며 빅데이터를 모을 수 있는 장점을 가지고 있다.

이에 따라 기존 시스템을 클라우드 서비스에 연계시키는 수요가 폭발적으로 증가할 것이다. 이러한 변화로 그동안 디지털 트랜스포메이션에 대해 적극적이지 않았던 기업들이 이것을 가장 시급하게 해결해야 할 과제로 삼고 있다.

디지털 트랜스포메이션의 가속화

클라우드 환경하에서는 대형 서버들이 대규모로 모여 있는 물리적 공간인 데이터센터가 많이 필요하다. 특히 코로나19로 데이터 사용량이 폭발적으로 늘어나고 있어서 데이터센터 수요는 더욱 더 확대되고 있다.

이러한 데이터센터는 서버를 비롯한 네트워크, 저장공간인 스토리지, 메모리 반도체, 냉각시설, 전력공급시설 등으로 구성된다. 특히 데이터센터 내 서버에는 CPU(중앙처리장치)와 D램 반도체 모듈, 메모리 반도체를 이용한 SSD(대용량 저장장치) 등이 탑재된다. 이에 따라 데이터센터가 늘어나면 서버용 반도체 수요가 증가한다.

포스트 코로나 시대에 필수 동맥은 5세대 이동통신 네트워크다. 5세대 이동통신은 4세대 이동통신보다 최대 전송속도에서 10배 앞서고, 동시 처리 트래픽 규모도 4세대 이동통신의 20배 수준이다.

언택트 라이프가 사회 각 영역으로 확대되고, 데이터 사용량이 증가할수록 더 빠르고 용량이 큰 5세대 이동통신 서비스의 필요성은 더욱 커질 전망이다. 즉 코로나19가 5세대 이동통신 확산의 촉매가 될 것이다.

당장 5세대 이동통신의 확산은 다소 지연되더라도 궁극적으

언택트 라이프의 근간이 되는 클라우드 서비스

로 생활 깊숙이 스며들어 포스트 코로나 시대에는 5세대 이동통신 네트워크가 핵심 인프라로 자리잡게 될 것이다.

코로나19 사태로 인해 폐쇄된 사업장 운영 재개가 지연되고 있는 노동집약형 제조업을 중심으로 공급 차질이 지속되고 있다. 노동력에 대한 높은 의존도를 낮추지 못하는 한 유사한 문제가 반복해서 발생할 수 있다. 이를 근본적으로 해결하기 위해서는 디지털 트랜스포메이션으로 인한 정보화·자동화·지능화 생산 체계를 구축하는 게 필수적이다.

특히 선도 제조업체의 경우 경쟁력 유지를 위해 생산 인프라 자동화 및 디지털화에 더욱 박차를 가할 필요가 있다. 이에 따라 코로나19 사태는 디지털 트랜스포메이션을 가속화하는 계기가 될 것이다.

한국판 뉴딜정책으로
경제회복과 혁신성장을 노린다

정부는 한국판 뉴딜의 3대 프로젝트로 디지털 인프라 구축,
비대면 산업 육성, SOC 디지털화를 내세웠다.

정부 주도하의 미래 성장동력 가치

신성장 동력을 마련하기 위한 정부정책은 기업들의 성장을 위한
로드맵 역할을 해왔다. 특히 정권 교체시마다 신성장 동력이 바
뀌어왔는데, 이는 그 정부만의 고유한 특색을 나타내려고 하는
의도뿐만 아니라 세계 경제환경 및 정세 변화 때문이다.

주식시장은 정부가 주도하는 미래 성장동력 가치에 대해서는
항상 높은 밸류에이션을 적용하면서 관련 종목들의 주가 상승을
이끌었다.

김대중 정부에서는 장기비전 2025를 통한 IT 및 벤처육성, 노

무현 정부에서는 국민소득 2만 달러 시대를 이끌 10대 차세대 성장동력산업 및 IT839 전략, 이명박 정부에서는 녹색성장 3대 전략과 10대 정책, 박근혜 정부에서는 일자리 중심의 창조경제 달성을 위한 스마트 컨버전스 정책 등을 펼쳤다.

지난 1998년 취임한 김대중 정부는 IMF 위기를 극복하기 위해 강력한 구조조정을 실시했으며, 1999년에는 세계적으로는 IT 붐이 일어나면서 벤처 육성을 통해 창업의욕을 고취시켰다. 특히 과학기술 경쟁력 향상을 위한 장기비전 2025에서는 우선 사업으로 IT, BT, NT, ST(우주항공), ET(에너지), CT(문화기술) 등의 6대 기술분야를 선정했다.

이에 초고속정보망을 조기에 구축했으며, 벤처 활성화에 따른 다양한 기술을 기반으로 인터넷 사업자가 대거 등장해 서비스를 개시하면서 인터넷을 이용한 금융·주식·검색서비스가 출현했다.

또한 1999년 5월 코스닥 등록 기업의 세금감면, 등록 요건완화 등의 활성화 정책을 내놨다. 이에 따라 코스닥 시장 등이 크게 도약하면서 인터넷 및 정보통신 관련주들이 상승을 주도했다.

2003년 취임한 노무현 정부는 전임 정부의 실책으로 불거진 신용카드 대란을 수습했으며 분배와 복지를 확대하면서 균형발전을 중시했다.

2003년 8월 국민소득 2만 달러 시대를 이끌 10대 차세대 성장동력산업으로 지능형 로봇, 미래형 자동차, 차세대 반도체, 디지털

TV·방송, 차세대 이동통신, 디스플레이, 지능형 홈네트워크, 디지털 콘텐츠/SW솔루션, 차세대 전지, 바이오 신약/장기를 선정했다.

다른 한편으로는 IT839전략을 수립해 인프라·서비스·신성장동력 사업 등을 추진하면서 이때 인터넷사용자가 3천 만 명을, 전자상거래 규모는 300조 원을 돌파했다. 코스닥에서는 이런 10대 차세대 성장동력산업 및 IT839전략과 관련된 종목들이 상승을 이끌었다.

또한 벤처기업의 M&A 활성화 정책은 코스닥 시장 활성화로 이어지면서 코스닥 상승세에 힘이 실렸다.

2008년 취임한 이명박 정부는 미국발 금융위기 극복의 대안으로 저탄소 녹색성장 정책을 주도하면서 신성장동력 및 일자리 창출을 도모했다. 이에 따라 녹색성장 5개년 계획에서 3대 전략과 10대 정책을 추진했다.

기후변화 적응 및 에너지 자립(효율적 온실가스 감축, 탈석유 및 에너지 자립 강화, 기후변화 적응역량 강화), 신성장동력 창출(녹색기술 개발 및 성장동력화, 산업의 녹색화 및 녹색산업 육성, 산업구조의 고도화, 녹색경제 기반 조성), 삶의 질 개선과 국가위상 강화(녹색국토·교통의 조성, 생활의 녹색혁명, 세계적인 녹색성장 모범국가 구현) 등이 그 내용이다.

따라서 태양광, 풍력, 바이오에너지 등 신재생에너지를 비롯해서 LED, 연료전지, 2차전지, 그린카 등의 녹색성장 정책 관련된

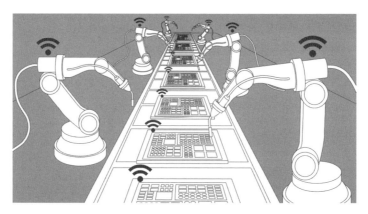

첨단 로봇을 적용한 스마트공장의 자동화 시스템

종목들이 코스닥에서 주목을 받았다.

또한 통신과 방송의 결합에 따른 기회를 창출하기 위해 인터넷전화·IPTV 등을 전략적으로 육성하기 위한 법·제도 개선 등을 추진하면서 IT와 타 영역이 융합해 그린IT·건설IT·U시티 등의 새로운 돌파구를 찾고자 했다.

2013년 취임한 박근혜 정부에서는 일자리 중심의 창조경제 달성을 위해 스마트컨버전스 정책을 추진했다. 스마트컨버전스는 인프라가 고도화됨에 따라 ICT을 활용해 연관서비스를 동시에 발전시키는 동태적·입체적 개념으로 플랫폼 비즈니스로의 환경 변화를 촉진시키고 있다.

또한 창조성과 혁신을 향상시키는 중장기적 접근으로 단순 컨버전스형 패러다임을 넘어서는 새로운 스마트 컨버전스형 산업

생태계 형성에 주력해 경제성장률과 고용률을 동시에 증가시킬 수 있는 경제 운영방식으로 변화를 추구했다.

이에 대한 실천방안으로 9대 전략산업(지능형 로봇, 스마트카, 웨어러블 스마트기기, 재난안전관리 스마트시스템, 맞춤형 웰니스 케어, 5세대 이동통신, 해양플랜트, 실감형 콘텐츠, 신재생 에너지 하이브리드 시스템) 및 4대 기반산업(지능형 반도체, 미래 융복합 소재, 지능형 사물인터넷, 빅데이터)인 13대 미래성장동력을 선정했다. 따라서 정보통신기술(ICT)과 바이오 등과 관련된 종목들이 주식시장에서 주목을 받았다.

문재인 정부의 한국판 뉴딜 프로젝트

문재인 정부는 2020년 5월 7일 제2차 비상경제 중앙대책본부(경제중대본) 회의에서 코로나19 확산 사태로 경기는 가라앉고 일자리와 소득은 빠르게 줄어드는 경제위기 상황을 돌파하기 위해 한국판 뉴딜 추진 방향을 발표했다.

이러한 한국판 뉴딜로 정부 투자와 민간 투자의 시너지 효과를 극대화하고 규제 개혁 등과 같은 제도개선을 병행해 경제구조 고도화와 일자리 창출을 이끌어내겠다는 의도다.

정부는 2020년 5월 내 한국판 뉴딜 관련 세부사업을 검토해

의료용 스마트 인공지능(AI) 로봇

6월 초 하반기 경제정책 방향 발표 때 한국판 뉴딜의 세부 추진
방안을 발표할 계획이다.

문재인 정부는 한국판 뉴딜의 3대 프로젝트로 디지털 인프라
구축, 비대면 산업 육성, 사회간접자본(SOC) 디지털화를 내세웠
다. 즉 5G 인프라를 조기 구축하고 데이터를 수집·축적·활용하는
데이터 인프라 구축을 국가적 사업으로 추진하며, 의료·교육·유
통 등 비대면 산업을 집중 육성하겠다는 것이다.

이와 더불어 도시와 산단, 도로와 교통망, 노후 SOC 등 국가기
반시설에 인공지능과 디지털 기술을 결합해 스마트화하는 대규
모 일자리 창출 사업도 적극 전개할 예정이다.

먼저 혁신성장을 위한 디지털 인프라 구축을 위해 공공·금융·
의료 등 주요 분야에서 데이터 개방을 확대하는 등 데이터 수집

한국판 뉴딜 프로젝트의 일환인 5G 인프라 구축

부터 활용에 이르기까지 데이터 인프라를 강화한다.

이와 더불어 금융·의료·교통·공공·산업·소상공인 등 국민 체감 핵심 6대 분야에서 데이터 수집·활용을 확대한다. 비금융정보기반 신용평가업 도입 및 의료데이터 활용전략을 마련한다. 또한 교통 빅데이터 플랫폼 구축과 데이터 SOS팀 운영, 제조데이터 수집·저장센터 구축, AI 기반 상권분석정보 제공 등도 추진할 예정이다.

산업혁신 확산을 위해 5G 등 네트워크 고도화에도 힘쓴다. 민간 5세대 이동통신 전국망 구축을 촉진하고 공공와이파이 등 공공 정보통신망을 확충한다. 제조업 등과 같은 산업 현장에 5세대 이동통신 플러스 실감 콘텐츠를 접목해 디지털 전환을 가속화하고, 안전·교통 등과 같은 분야에 5세대 이동통신 플러스 스마트

시티 기술을 도입한다.

본격적인 AI 활용 촉진을 위해 AI 데이터·인프라 구축에도 나선다. 음성·행동 인식, 언어·시각 정보 이해 등 AI 학습용 빅데이터를 조기에 구축하고 AI·소프트웨어(SW) 전문인력을 집중적으로 양성한다. 제조업 전반 및 중소·벤처기업 등에 지능형 생산 공정을 도입하고, 전 분야로 혁신 AI 서비스를 확산시킬 계획도 밝히고 있다.

무엇보다 포스트 코로나 시대에 대응하기 위해 비대면 산업 육성도 본격화한다. AI 기반 원격교육지원 플랫폼 구축 등 미래형 디지털 교육 환경을 조성한다. 또한 보건소 모바일 헬스케어, 화상연계 방문 건강관리 등 기존 디지털 기반 비대면 의료 시범사업 및 코로나19 방역 계기 시범사업을 확대한다.

이와 더불어 첨단기술을 활용한 비대면 서비스 보안 시범 사업 추진 및 공공 부문 클라우드 정보 시스템을 확대하고, 사이버 보안 위협에 대비해 정보보호 전문인력을 양성하기로 했다.

마지막으로 사회간접자본(SOC) 측면에서는 국민안전 등을 위한 노후 국가기반시설의 디지털화를 추진한다. 즉 도로, 철도 등 노후 시설물에 스마트 관리체계를 도입해 안전성을 제고하고 국가기반시설 관련 데이터 수집·가공·공유를 확대한다.

또한 도심 인근 유휴부지에 스마트 물류센터 등 첨단 물류시설을 확충하고, 로봇 사물인터넷(IoT) 등 첨단 물류기술 실증을 위한 테스트 베드도 만든다.

보통 뉴딜정책은 구제(Relief), 부흥(Recovery), 개혁(Reform)이라는 '3R'을 기본 속성으로 하며, 이러한 3R을 유기적으로 연결해 추진해야 비로소 효과가 나타난다. 이러한 한국판 뉴딜에서 3R이 제대로 작동되어 경제회복과 혁신성장의 밑거름이 마련될 수 있기를 기대해본다.

◆ 한국판 뉴딜 프로젝트

1. 디지털 인프라 구축	데이터 수집·활용기반구축	1. 데이터 전주기 인프라 강화 2. 국민체감 핵심 6대 분야 데이터 수집·활용 확대
	5G 등 네트워크 고도화	1. 5G 인프라 조기 구축 2. 5G 융복합 사업 촉진
	AI 인프라 확충 및 융합확산	1. AI 데이터·인프라 확충 2. 전산업으로 AI 융합 확산
2. 비대면 산업 육성		1. 비대면 서비스 확산 기반 조성 2. 클라우드 및 사이버 안전망 강화
3. SOC 디지털화		1. 노후 국가기반시설 디지털화 2. 디지털 물류서비스 체계 구축

사람 투자를 통한 디지털 선도인력 양성

자료: 관계부처 합동

디지털 트랜스포메이션 유망주

◆ **솔루션**
삼성에스디에스, 롯데정보통신, 한컴MDS

◆ **인프라**
케이아이엔엑스, 에치에프알

◆ **보안**
파이오링크

◆ **하드웨어**
삼성전자, 싸이맥스, 인텍플럭스

삼성에스디에스 (018260)
_ 클라우드 및 스마트팩토리 체제 구축

- 삼성그룹 계열의 IT 시스템 통합 서비스 업체
- 코로나19 이후 디지털 전환 가속화 수혜

중장기적 펀더멘탈에는 이상무

삼성에스디에스는 2020년 실적의 경우 K-IFRS 연결기준으로 매출액은 10조 8,360억 원(YoY +1.1%), 영업이익은 9,448억 원(YoY -4.6%)으로 예상된다.

코로나19로 인한 글로벌 경기 둔화 우려로 관계사들의 IT 투자 및 신규 프로젝트의 집행이 연기되고 있다. 이에 대해 단기적으로 실적에 부정적인 영향을 미칠 것으로 예상되지만, 이는 시간이 지연되는 것일 뿐 중장기적 펀더멘탈에는 큰 영향을 미치지 않을 것으로 판단된다.

디지털 트랜스포메이션 가속화로 수혜

최근 수년간 제4차 산업혁명으로 디지털 트랜스포메이션의 흐름이 본격화되면서 비즈니스 모델의 혁신이 일어나고 있다.

코로나19 이후에는 그동안 디지털 시대가 요구하는 시대적 변화 흐름에 소극적·보수적으로 대응해온 기업들을 중심으로 디지털 트랜스포메이션을 활발하게 적용할 것으로 예상된다.

이에 따라 코로나19 이후에는 생산과 소비 측면에서 디지털 트랜스포메이션이 가속화될 것으로 예상된다.

기존 시스템을 클라우드 서비스에 연계시키는 수요가 폭발적으로 증가할 것으로 예상되며, 인공지능, 빅데이터 분석 등을 통한 스마트팩토리 체제가 가속화되면서 시장규모가 더 커질 것으

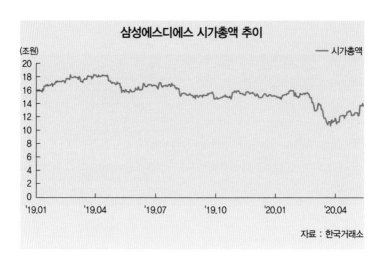

삼성에스디에스 시가총액 추이

(조원) ── 시가총액

자료 : 한국거래소

로 기대된다.

　삼성에스디에스의 경우 관계사들을 기반으로 다년간 클라우드 및 스마트팩토리 체제를 구축했으므로 디지털 트랜스포메이션 관련 시장규모가 커지면서 수혜가 가능할 것으로 예상된다.

롯데정보통신 (286940)
_ 그룹 차원의 디지털 트랜스포메이션 활성화

- 롯데그룹 계열의 IT 시스템 통합 서비스 업체
- 디지털 트랜스포메이션의 봄이 오고 있다

그룹 차원의 디지털 트랜스포메이션 가속화

롯데정보통신은 스마트 팩토리, 스마트 로지스틱스, 스마트 리테일을 아우르는 롯데그룹 차원의 디지털 트랜스포메이션 플랫폼을 구축해 그룹사의 온·오프라인 데이터를 유기적으로 연계하고, 이를 AI, 빅데이터 기반으로 분석해 새로운 비즈니스 인사이트를 확보하는 스마트 에코시스템을 구축할 예정이다.

2019년에는 계열사별로 테스트 마케팅에 적용했다면, 2020년은 다른 그룹 및 다른 산업과 연계하는 원년이 될 것이다.

이에 따라 스마트팩토리의 경우 제과, 주류 등 식품 관련 그룹

사의 수주가 본격화될 것이며, 스마트 로지스틱스는 롯데글로벌 로지스 등의 물류 최적화를 위한 물류센터 자동화 등으로 매출 상승을 도모할 수 있을 것이다.

또한 스마트 리테일의 경우 온라인화되면서 빅데이터 플랫폼, 온라인 커머스 시스템 구축이 지속적으로 발생할 수 있을 것이다.

롯데ON 출범, O4O 전략 수행 투자 지속

롯데그룹의 7개 온라인쇼핑몰(롯데백화점, 롯데마트, 롯데슈퍼, 롯데 닷컴, 롭스, 롯데홈쇼핑, 롯데하이마트)을 로그인 한번에 이용할 수 있 는 온라인쇼핑 통합플랫폼 롯데ON을 2020년 4월말에 오픈했다.

롯데ON의 핵심 경쟁력은 개인 맞춤화 솔루션에 있으며, 무엇

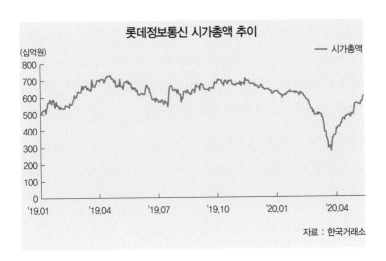

롯데정보통신 시가총액 추이

— 시가총액

(십억원)

자료 : 한국거래소

보다 롯데쇼핑의 오프라인 강점을 바탕으로 한 O4O(오프라인 포온라인) 우위가 이어질 수 있을 것이다.

즉 이커머스에서 구입한 제품을 롯데 계열사와 결합해 선보이는 바로배송, 당일배송, 새벽배송으로 수령하는 것은 물론 전국 1만 3천여 개 오프라인 매장과 연동해 매장에서 상품을 픽업하는 바로픽업 서비스가 가능하다.

이와 같은 O4O 전략을 수행하기 위해서 온오프 데이터를 통합해 스마트 로지스틱스와 스마트 리테일을 연결시키는 플랫폼 등을 구축하는 투자가 지속될 것으로 예상됨에 따라 동사의 수혜가 예상된다.

클라우드, IDC, CRM 사업이 매출성장 이끈다

국내 클라우드 서비스 시장이 성장하고 있으며 코로나19를 계기로 그 성장이 가속화될 것으로 예상된다. 이러한 환경하에서 2019년 말 기준 롯데그룹 클라우드 전환율이 30%에 불과하기 때문에 향후 전환율이 가속화되면서 롯데정보통신의 IDC사업도 성장을 도모할 수 있을 것이다.

롯데정보통신 IDC사업의 경우 현재 서울, 대전, 용인에 3개 데이터센터가 운영 중이며 4센터는 2019년 4월 착공 시작으로 2020년 12월 완공될 예정이다. 4센터의 경우 지하 2층에서 지상 7층 규모의 대규모 센터로 2021년부터 매출이 상승하면서 수익성 개선이 본격화될 것으로 예상된다.

무엇보다 CRM 사업의 경우 롯데그룹 CRM센터의 지속적인 통합으로 해를 거듭할수록 매출상승이 기대된다.

한편 롯데정보통신은 금융과 의료, 유통, 전자결제, 스마트시티 등 사업을 베트남, 인도네시아를 중심으로 펼칠 예정으로 글로벌에서의 성장성 등을 도모할 수 있을 것이다.

한컴MDS (086960)
_ 솔루션 매출 성장이 본격화

- 임베디드 시스템 개발 및 관련 솔루션 업체
- 2020년부터 실적 개선 가속화

2020년에 양호한 실적을 기록중

2020년 1분기 IFRS 연결기준 매출액 414억 원(YoY +9.0%), 영업이익 25억 원(YoY +34.6%)으로 양호한 실적을 기록했다. 이는 자동차, 정보가전, 산업용 시장 등에서 솔루션들의 고른 사업 성장으로 인한 매출증가로 실적이 개선되었기 때문이다.

특히 산업용에서는 코로나19의 영향으로 열감지솔루션(열화상 카메라와 자체 개발 SW 연동)이 매출 성장을 이끌었다. 다만 코로나19의 영향으로 인도, 호주, 중국 등 해외지사의 매출은 전반적으로 전년 동기대비 감소했다.

INSIDE 한컴MDS

실적 턴어라운드 가속화

2020년 실적은 K-IFRS 연결기준 매출액 1,664억 원(YoY+7.4%), 영업이익 110억 원(YoY+150.0%)으로 예상되면서 실적 턴어라운드가 가속화될 것이다. 이는 제4차 산업혁명 관련 솔루션 매출 성장이 본격화되면서 수익성 개선이 예상되기 때문이다.

제4차 산업혁명 관련 빅데이터(Splunk 등), AI(Nvidia 등), Automotive(자율주행), IoT(NeoIDM 등), Robot(물류/서비스), Cloud (Azure) 등의 솔루션 매출이 2016년 41억 원, 2017년 87억 원, 2018년 172억 원, 2019년 231억 원으로 증가했다. 2020년의 경우는 300억 원 이상으로 예상된다.

특히 2020년부터 제4차 산업혁명 관련 매출이 일정 수준을 넘어섬에 따라 고정비를 커버하면서 동사 수익성을 개선시킬 수

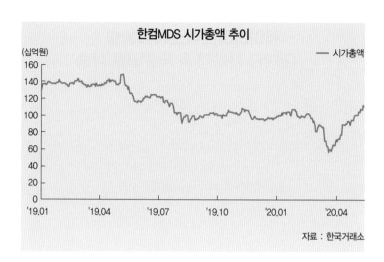

한컴MDS 시가총액 추이

(십억원) — 시가총액

자료 : 한국거래소

있을 것이다.

한편 2020년 7월 1일 기준으로 AI/IoT 등 제4차 산업혁명 중심의 사업분야를 물적 분할할 예정이다. 신설법인인 한컴인텔리전스의 주요 사업군은 머신러닝, 빅데이터, 안면인식 솔루션을 비롯해 자체 기술로 개발한 IoT 플랫폼인 NeoIDM이다.

향후 독립법인으로서 매출 성장을 도모할 것으로 예상됨에 따라 동사 실적에 긍정적인 영향을 미칠 것이다.

케이아이엔엑스 (093320)
_ 데이터 사용량 증가로 매출 상승

- 토탈 인터넷 인프라 전문기업
- 언택트로 데이터 사용량 증가 수혜

데이터 사용량 증가로 성장 지속

케이아이엔엑스는 지난 2000년에 설립된 인터넷 인프라 전문기업이다. 중립적 인터넷회선연동(IX:Internet eXchange)서비스를 시작으로 IDC(Internet Data Center), CDN(Contents Delivery network), 클라우드 솔루션 등 토탈 인터넷 인프라서비스를 제공하고 있다.

인터넷회선연동(IX)서비스는 ISP(Internet Service Provider) 상호간 또는 ISP와 CP(Contents Provider) 간 네트워크를 효율적으로 연동시켜주는 역할을 한다. 케이아이엔엑스의 경우 연동 고

객이 자율적으로 연동대상과 트래픽의 흐름을 결정할 수 있는 L2(Layer2) 방식의 중립적 연동서비스를 제공하고 있기 때문에 해외 CP들이 선호하고 있다.

케이아이엔엑스 인터넷회선연동(IX) 트래픽의 경우 2011년 약 70G/sec에서 2019년에 약 500G/sec로 매년 지속적으로 증가하고 있는 중이다.

향후에도 기존 고객의 트래픽이 증가하는 환경하에서 신규 CP 및 국내 진출 해외 고객의 증가, 해외 PoP(Point of Presence) 연결 등으로 트래픽 수요가 지속적으로 늘어나면서 동사의 인터넷회선연동(IX)서비스가 성장할 수 있을 것이다.

한편 IDC는 서버 등 전산장비가 원활하게 운영될 수 있도록 인프라 환경을 구축해놓은 일종의 특수공간으로 일명 '서버호텔'이라고도 불린다. 케이아이엔엑스의 경우 국내에 도곡센터를

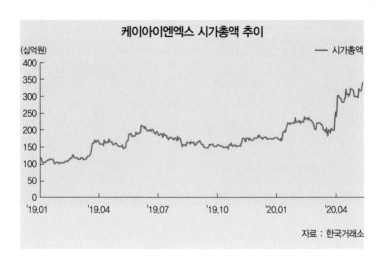

케이아이엔엑스 시가총액 추이

(십억원) ── 시가총액

자료 : 한국거래소

중심으로 수도권 지역에 6개의 IDC를 구성해 각 센터간 네트워크 연결성을 확보했다.

이와 같은 IDC의 경우 서버와 네트워크 장비를 둘 수 있는 공간 임대 및 관리서비스 등과 더불어 데이터 사용량에 연동되어 수익을 확보할 수 있다. 이에 따라 일정한 CAPA 하에서는 고객사의 데이터 사용량 증가 여부가 케이아이엔엑스 수익성에 지대한 영향을 미칠 것이다.

영업레버리지 효과 지속

아마존은 아마존 클라우드(AWS) 사용자들에게 고품질의 네트워크 통신이 가능하도록 ADC(Amazon Direct Connect)라는 전용회선 서비스를 제공하고 있는데, ADC 서비스를 위한 전용 네트워크 회선의 거점을 중립적 IDC 서비스 사업자인 케이아이엔엑스에게 위탁했다. 즉 ADC Zone(네트워크 포인트)을 활용해 ADC를 이용하고자 하는 CP 고객들에게 케이아이엔엑스 IDC 서비스와 네트워크 연결을 제공하고 있다.

이러한 인프라 등을 활용하려는 클라우드 업체의 수요가 증가되고 있다. 뿐만 아니라 언택트 트렌드로 데이터 사용량이 증가하면서 지속적인 성장 역시 가능할 것이다.

해를 거듭할수록 매출 증가로 실적이 개선되는 영업레버리지 효과가 지속되고 있다. 무엇보다 클라우드 활성화로 IDC시장이 성장하는 환경하에서 재택근무, 온라인 강의 등 언택트 트렌드로 데이터 사용량이 증가하면서 매출상승이 지속될 수 있을 것이다. 이러한 언택트 트레드는 데이터 센터의 수요도 확대시킬 것이다.

또한 향후 5세대 이동통신 투자 및 사물인터넷(IoT) 시장 활성화로 케이아이엔엑스의 중장기 성장의 기반이 마련될 것이다.

에치에프알 (230240)
_ 5G 투자 본격화로 매출 상승

- 유/무선 통신용 네트워크 장비 전문업체
- 2020년 하반기부터 해외에서의 성장성 가시화

5G 프론트홀 장비, 해외에서 성장성 가시화

에치에프알은 지난 2000년에 설립된 유·무선 통신용 네트워크 장비전문업체이다.

무선사업에서는 기지국에 연결하는 모바일 프론트홀(이동통신 무선접속망에서 디지털데이터 처리장치(DU)와 원격무선 신호처리장치(RU) 사이를 연결하는 링크) 장비를, 유선사업에서는 초고속인터넷용 FTTO 및 FTTH 관련 제품인 OLT(Optical Line Terminal), ONU(Optical Network Unit), ONT(Optical Network Terminal) 장비 및 Wi-Fi AP 등을 제조해 판매하고 있다.

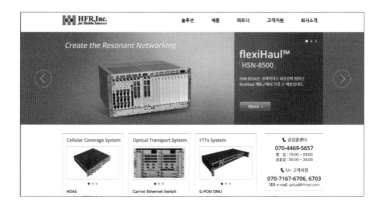

주요 고객사는 SK텔레콤, SK브로드밴드, Verizon, AT&T, NTT Docomo 등이다. SNE리서치에 따르면 동사 무선사업 부문 주요 품목인 프론트홀 전송시장은 2016년 13.1억 달러 규모에서 연평균 11.6%의 높은 성장률로 증가해 2022년 약 25.2억 달러에 이를 것으로 전망하고 있다.

특히 동사의 주요 수출지역인 북미시장의 경우 같은 기간 12.3%의 높은 성장률을 보여줄 것으로 기대하고 있다.

동사의 경우 4G 도입 시기에 누적 5년 간 1,600억 원 규모의 관련 매출을 올렸다. 5G시대에는 4G 때보다 기지국 수가 몇 배 이상 증가할 것으로 예상됨에 따라 프론트홀 장비 등의 매출도 4G 때보다 훨씬 더 늘어날 것으로 예상된다.

특히 프론트홀 장비는 데이터 용량이 커지고 분산형 기지국의 촘촘한 연결이 필요한 5G 시대를 맞아 그 중요성이 더 커지고

에치에프알 시가총액 추이

(십억원)

—— 시가총액

자료 : 한국거래소

있다. 이에 따라 5G 투자가 본격화되는 2020년부터 2023년까지 괄목상대한 매출상승이 전망된다.

실적 턴어라운드 가속화

무엇보다 2020년 하반기부터 Verizon, AT&T 등 미국 통신사업자에게 5G 프론트홀 장비 수출이 가시화될 것으로 예상된다. 이에 따라 해외시장에서 5G 투자 가시화로 해를 거듭할수록 동사의 매출 성장이 가속화될 것으로 기대된다.

2020년 하반기부터 미국향 5G 프론트홀 장비 공급이 가시화됨에 따라 실적 턴어라운드가 가속화될 것으로 예상될 뿐만 아니라 성장성을 높이는 계기가 될 것이다.

무엇보다 2020년 하반기부터 5G 사이클 도래로 수혜가 가능해지면서 2021년에는 매출 성장이 큰 폭으로 올라 성장성 등이 부각될 것이다.

파이오링크 (170790)
_ 트래픽 증가로 인한 매출 증가

- NHN 계열의 네트워크 보안 전문기업
- 트래픽 증가 수혜 및 영업레버리지 효과 본격화

트래픽 증가로 ADC 수혜 가능

코로나19로 인한 언택트 트렌드 환경하에서 원격근무, 스트리밍 서비스, 온라인 쇼핑과 게임 사용량이 급증함에 따라 서버에 몰리는 트래픽 과부하를 해결하고 사용자에게 고품질로 중단 없이 안정적으로 전송하는 장비가 바로 ADC이다.

이와 같이 클라우드와 빅데이터 시대 트래픽 증가로 국내외 ADC 시장은 지속적으로 성장할 것으로 전망된다.

무엇보다 현재 기간망의 트래픽이 늘어나기 때문에 이에 따른 회선 대역폭 증설과 인프라 고도화가 반드시 필요함에 따라 파

이오링크 ADC의 장비 업그레이드 및 증설 수요가 많아지면서 수혜가 가능할 것이다.

파이오링크 클라우드 관리형 보안스위치의 경우 값비싼 보안 장비를 추가로 구매하지 않더라도 네트워크 스위치만으로 보안 관제와 보안서비스를 받을 수 있다. 뿐만 아니라 스위치에 전원과 인터넷 포트만 연결해주면 설치부터 장애 처리 등에 이르기까지 모든 관리를 원격으로 할 수 있기 때문에 엔지니어링 출장이 불필요하다.

이러한 장점 때문에 지난 2018년부터 일본수출이 본격적으로 성장하고 있다. 무엇보다 제품과 서비스가 클라우드로 확장되는 상황에서 일본에서의 매출처 및 유통망 확대로 해를 거듭할수록 매출 성장이 가속화될 것으로 예상된다.

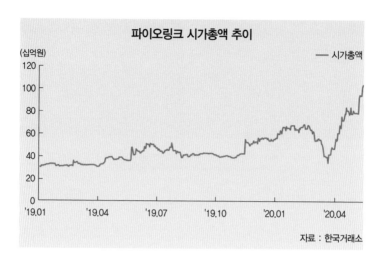

파이오링크 시가총액 추이

(십억원)

— 시가총액

NHN과의 클라우드 보안사업 시너지 효과

대주주인 NHN의 토스트(TOAST) 사업 본격화로 동사의 클라우드 보안사업의 성장성 등이 가시화될 수 있을 것이다. 파이오링크는 토스트 클라우드 이용자의 높은 보안 요구를 만족시키고 서비스 가용성을 높이기 위해 보안관제와 웹 방화벽을 제공하고 있을 뿐만 아니라, 클라우드 환경에 특화된 다양한 보안컨설팅 서비스도 제공할 예정으로 NHN와의 시너지 효과가 본격화될 것이다.

NHN과 관계사 대상 보안관제서비스를 시작으로 대외 원격관제와 파견관제, 하이브리드 보안관제서비스까지 다각화하면서 공공, 금융, 대기업 등 다양한 고객군을 확보했다 이에 따라 해를 거듭할수록 보안관제, 보안컨설팅 등 보안서비스가 동사 매출 성장을 견인하고 있다.

무엇보다 보안관제 및 보안컨설팅 특성상 고정비 비중이 높기 때문에 일정 수준의 매출에 도달하기까지는 적자가 불가피한데, 2019년부터 매출성장이 본격화되면서 흑자전환되었으며, 2020년의 경우도 매출성장을 이끌면서 영업레버리지 효과로 수익성이 개선될 것으로 예상된다.

삼성전자 (005930)
_ IT 및 반도체 상승 사이클 대표 수혜주

_ 반도체 및 디스플레이, 스마트폰, 가전 등의 사업을 영위
- 2020년은 실적도 상저하고, 주가도 상저하고

반도체 사업이 버팀목 역할을 하다

삼성전자가 코로나19 영향에도 불구하고 2020년 1분기 실적 방어에 성공했다. 이는 언택트 문화가 확산됨에 따라 서버·PC용 메모리 수요가 늘면서 반도체 사업이 버팀목 역할을 해주었기 때문이다.

이와 같은 서버·PC용 메모리 수요는 2020년 2분기에도 유지될 것으로 전망된다. 물론 2020년 하반기에도 코로나19로 인한 시장 불확실성이 높지만, 온라인 서비스 기반의 새로운 라이프스타일이 빠르게 자리 잡으면서 고사양·고성능 메모리 수요는 지

110

속적으로 성장할 것으로 예상된다.

스마트폰의 경우 공급망 이슈와 이동제한 조치 등으로 2020년 1분기 시장 수요는 큰 폭으로 감소했고, 3월부터는 물류 이슈를 포함한 코로나19 영향이 본격화되면서 스마트폰 매출이 2019년 1분기 대비 감소했다.

다만 프리미엄 및 5세대 이동통신 모델 판매 비중 증가 및 갤럭시S20 울트라, 갤럭시Z 플립 등 플래그십 수익을 통해 수익성은 양호한 수준을 유지할 수 있었다.

디스플레이 사업과 가전 사업은 코로나19로 어려움을 겪었다. 디스플레이 사업은 1분기 매출 6조 5,900억 원, 영업이익은 2,900억 원 적자를 기록했으며, 가전 분야를 다루는 CE 부문은 매출 10조 3천억 원, 영업이익 4,500억 원을 기록하면서 영업이익이 2019년 1분기 대비 17% 줄었다.

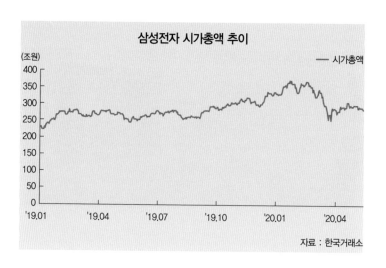

삼성전자 시가총액 추이

(조원) ── 시가총액

자료 : 한국거래소

실적 턴어라운드 가속화 예상

삼성전자는 2분기 실적의 경우 주요 제품 수요에 대한 코로나19
영향이 본격화되면서 2020년 1분기 대비 소폭 실적 하락이 예상
된다. 1분기와 마찬가지로 메모리 반도체는 서버와 PC 수요가
지속될 것으로 예상되지만, 모바일 수요 둔화 리스크가 상존한
다. 또한 스마트폰 시장 침체로 OLED 사업 역시 타격이 예상된다.

특히 스마트폰·가전제품 등 세트 사업의 경우 코로나19에 따
른 수요 위축과 매장 폐쇄, 공장 가동 중단의 직접적인 영향을 받
으면서 판매량과 실적이 큰 폭으로 하락할 것으로 예상된다.

그러나 2020년 하반기는 사정이 달라질 것이다. 코로나19의

확산이 크게 둔화되고 정상적인 경제 활동이 재개된다면 계절적인 수요 증가와 억압수요(Pent-up Demand)가 동시에 발생하면서 IT 및 반도체의 상승 사이클로 인해 실적 턴어라운드가 가시화될 수 있을 것이다.

싸이맥스 (160980)
_ 설비 투자 증가의 수혜주

- 반도체 웨이퍼 이송 장비 전문업체
- 매출 성장으로 인한 실적개선 가속화

2020년 하반기부터 본격적인 회복세 시작

싸이맥스는 2005년에 설립된 반도체 웨이퍼 이송 장비 전문업체이다. 주요 제품으로는 CTS(Cluster Tool System), EFEM(Equipment Front End Module), LPM(Load Port Module) 등이 있다.

　CTS은 반도체 공정장비와 연결되는 장치로서 EFEM 내 대기(Atmosphere)로봇이 진공챔버로 웨이퍼를 반송시키면 진공챔버 내 진공로봇이 공정장비로 웨이퍼를 이송시키는 Tool Automation System이며, EFEM은 대기(Atmosphere)상태에서 웨이퍼를 반송하는 이송장치로서 Load Port Module, ATM Robot,

Aligner, EFEM Software 등으로 구성되어 있다. 또한 LPM은 반도체 제조용 웨이퍼를 담아두는 FOUP(Front Opening Universal Pod) 도어(Door)를 열거나 닫으면서 웨이퍼가 반송될 수 있도록 해주는 장치이다.

주요 자회사로는 환경설비장치 사업을 하고 있는 신도이앤씨 (지분 46.3%)가 있다.

국제반도체장비재료협회(SEMI)에 따르면, 2020년 반도체 팹 장비 투자액은 전년 562억 달러 대비 약 3% 상승한 578억 달러를 기록할 것으로 예상된다. 이는 2020년 상반기의 팹 장비 투자액은 2019년 하반기 대비 약 18% 하락할 것으로 예상되지만, 2020년 하반기부터는 본격적인 회복세가 시작될 것으로 예상되기 때문이다.

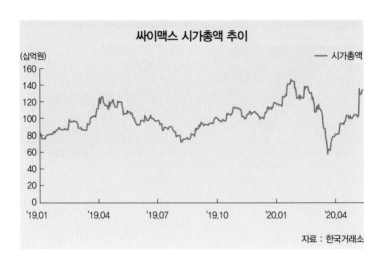

싸이맥스 시가총액 추이

(십억원) — 시가총액

자료 : 한국거래소

한국의 팹 장비 투자액은 26% 상승

한국의 경우 삼성과 SK하이닉스의 투자로 인해 2019년 대비 31% 성장한 130억 달러(약 15조 5,675억 원)를 넘어 대만에 이어 두 번째로 큰 지역이 될 것으로 전망했다.

또한 2020년 한국의 팹 장비 투자액은 26% 상승해 170억 달러를 기록하며 가장 많은 투자가 이루어지는 지역으로 올라서게 된다.

싸이맥스의 경우 주요 매출처인 삼성전자의 설비투자 등에 힘입어 2020년 상반기에 매출성장이 더욱더 가속화될 것으로 예상된다. 즉 싸이맥스의 중국 시안2공장에는 2020년 상반기 가동을

목표로 낸드플래시 관련 장비 반입이 진행 중에 있으며, 평택2공
장은 2020년 가동을 목표로 D램 관련 장비가 입고되고 있는 중
이다.

인텍플러스 (064290)
_ 다양한 외관검사장비 공급

- 반도체, 디스플레이, 2차전지 등 분야의 외관검사장비 전문업체
- 고객사 확대로 매출성장 가속화

반도체 분야 고객사 확대로 매출 성장 가속화

인텍플러스는 1995년에 설립되어 머신비전기술을 통해 표면 형상에 대한 영상 데이터를 획득해, 분석 및 처리하는 3D/2D 자동 외관검사장비 전문업체이다.

반도체 패키지, 메모리 모듈 등 반도체 후공정 분야의 외관검사장비에서 시작해 반도체 Wafer 다음 공정부터 조립 공정까지의 단계인 Mid-End 분야, Flexible OLED와 LCD 등의 디스플레이 분야 및 2차전지 분야에 이르기까지 다양한 외관검사장비를 공급하고 있다.

반도체 외관검사 분야에서는 반도체 칩의 패키징이 완료된 후 출하 전 최종 단계에서 외관을 검사하는 반도체 패키지 장비(iPIS-Series), 메모리 모듈의 외관검사를 수행하는 메모리 모듈 장비(iMAS-Series) 및 SSD 메모리 외관 검사장비(iSSD-Series) 등을 공급하고 있다.

2019년 인텍플러스가 글로벌 메이저 반도체 업체에 독점적으로 외관검사장비를 공급하면서 중장기 성장을 위한 기반을 마련했다.

향후에도 지속적인 수주로 인한 매출 성장이 기대된다. 이러한 기술력을 바탕으로 2020년에는 대만·중국 업체 등의 고객사 다변화로 매출성장이 예상된다.

반도체 Mid-end 분야는 WSI(White light scanning interferometry) 기술을 바탕으로 Flip-chip에서 적용되는

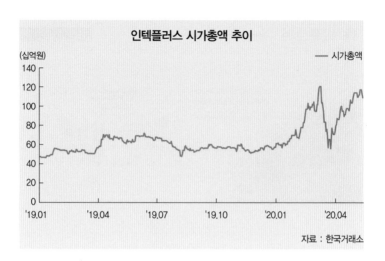

인텍플러스 시가총액 추이

(십억원)   —— 시가총액

자료 : 한국거래소

Substrate의 외관을 검사하는 장비 등을 공급하고 있다.

HPC, 5G용 Advanced Package 기술 적용 확대로 2019년부터 Supply Chain상의 제조사들에게 납품을 진행하거나 추진하고 있다. 이를 기반으로 2020년부터 매출이 가시화되면서 매출 성장의 한 축을 담당할 것이다.

2차전지 신규 매출 및 디스플레이 매출 증가 가시화

2차전지 분야에서는 파우치 타입의 전기차용 중대형 2차전지 셀을 검사하는 장비를 공급하고 있다. 2019년 수주를 기반으로 2020년 신규 매출이 가시화될 것으로 예상된다.

이 분야에서는 반도체만큼 작고, 예민하지 않기 때문에 그동안 사람이 육안으로 직접 판별했다. 하지만 품질 안정성 향상 차원에서 검사 자동화 니즈가 커져서 향후 매출성장이 기대된다.

한편 디스플레이 분야에서는 중소형 Flexible OLED 셀의 외관을 검사하는 셀 검사기를 공급하고 있다. 2020년의 경우 BOE 등 관련 투자 확대 및 국내 고객사 보완투자 등으로 매출이 증가할 것으로 예상된다.

언택트 라이프 유망주

♦ **결제**
NHN한국사이버결제, KG모빌리언스, 갤럭시아컴즈

♦ **콘텐츠**
펄어비스, 스튜디오드래곤

♦ **플랫폼**
카카오, NAVER

♦ **신선식품**
지어소프트

♦ **재택근무**
알서포트

♦ **클라우드**
더존비즈온

♦ **오프라인 제품**
에코마케팅

NHN한국사이버결제 (060250)
_ 국내 결제서비스 증가의 수혜주

- 전자지불결제(PG) 업체
- 언택트(Untact) 라이프스타일 확산 수혜

언택트 확산으로 인한 수혜 가능

최근 코로나19로 인한 감염을 피하기 위해 사람들이 사회적 거리두기, 자발적 격리에 들어가면서 언택트 라이프스타일이 확산되고 있다. 이에 따라 오프라인 구매행위가 온라인으로 전환되면서 전자상거래 시장이 재편되는 양상을 보이고 있다. 즉 온라인에서의 식료품 등 생필품의 소비가 급증하고, 오프라인 상점의 O2O 배송 서비스 도입이 확대되고 있다. 이는 곧 온라인에서의 결제액을 증가시키는 것이다.

무엇보다 2020년 2월 NHN한국사이버결제의 주요 고객사인

이커머스 업체의 결제액이 사상 최대치를 경신함에 따라 NHN 한국사이버결제의 수혜가 가능할 것이다. 무엇보다 이러한 소비 행태의 변화는 편리성 및 습관화 등으로 코로나19 이후에도 지속될 것으로 예상됨에 따라 향후에도 NHN한국사이버결제 실적에 긍정적인 영향을 미칠 것이다.

페이코 오더는 모바일을 활용해 주문과 결제를 한번에 해결할 수 있는 통합 솔루션이다. 페이코 이용자는 주문을 위해 매장 카운터에서 대기할 필요 없이 테이블에 앉아 간단하게 매장 내 테이블에 비치된 QR코드를 스캔하거나, 페이코 앱 또는 고객사 앱을 이용해 신속하고 간편하게 주문과 결제를 마칠 수 있다.

또한 페이코 오더는 현장에서 이루어지는 주문 결제뿐만 아니라, 미리 주문하고 매장에서 포장 제품을 받아갈 수 있는 픽업 오더와 주문부터 배달서비스까지 모두 제공하는 배달 오더 등으로

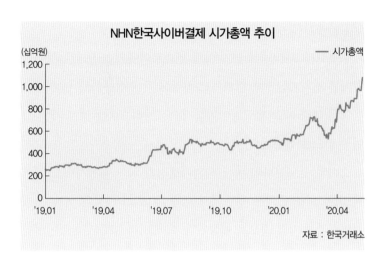

NHN한국사이버결제 시가총액 추이

자료 : 한국거래소

확대해 활용되고 있다.

　이러한 서비스 증가로 오프라인 결제의 온라인화가 가속화될 것이다. 이에 NHN한국사이버결제의 PG 처리 거래금액의 증가가 기대된다.

애플 등 해외가맹점의 국내 결제서비스 증가

Zara, Nespresso, Louis Vuitton 등 다수의 해외 가맹점들이 국내에 진출해 동사의 결제시스템을 사용 중에 있다. 이외에도 직접 계약을 통해 애플, Tesla Motors, iHerb.com 등 여러 해외 가맹점들에게 결제서비스를 제공하고 있다.

무엇보다 2019년 하반기 애플 앱스토어에서 NHN한국사이버 결제를 전자지급결제 대행사로 선정해 국내 신용카드 결제를 허용함에 따라 NHN한국사이버결제 PG 처리 거래금액 증가에 기여할 것으로 예상된다.

소비의 글로벌화에 따른 해외가맹점의 국내 결제서비스 적용에 대한 니즈 증가로 향후에도 대형 글로벌업체들의 국내 결제서비스가 증가할 것으로 예상된다. 이에 따라 NHN한국사이버결제에게 최대 수혜가 기대된다.

언택트 라이프 스타일 확산으로 월 거래액이 최대치를 경신하는 등 온라인에서의 결제액이 지속적으로 증가하고 있다. 뿐만 아니라 글로벌 해외 가맹점들의 추가 서비스도 가능할 것으로 예상됨에 따라 온라인 결제액 상승에 긍정적인 영향을 미칠 것이다.

무엇보다 O2O사업 가속화로 오프라인 결제의 온라인화가 이루어지면서 NHN한국사이버결제의 성장성 등이 부각될 수 있을 것이다.

KG모빌리언스 (046440)
_ 언택트 라이프의 수혜주

- 전자지불결제(PG) 업체
- 언택트 라이프 수혜 및 합병 시너지 효과 본격화

언택트 확산으로 인한 수혜 가능

KG모빌리언스는 2000년에 설립된 휴대폰 전자지불결제(PG) 업체로서 2020년 2월 KG올앳을 흡수합병함에 따라 신용카드 전자지불결제(PG) 사업이 확대되었다. 주요 자회사로는 KG에듀원, 스룩, KG에프엔비 등이 있다.

휴대폰 소액결제 한도는 2015년 30만 원에서 50만 원으로, 2019년에는 60만 원으로 상향되었다. 2020년 4월부터는 휴대폰 소액결제 한도가 100만 원까지 상향됨에 따라 언택트 라이프스타일 확산 수혜가 더 커지면서 실적향상에 기여할 것이다.

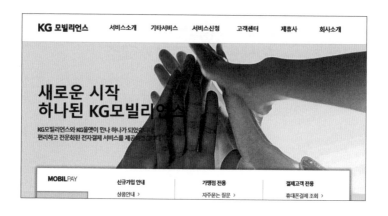

KG올앳 흡수합병으로 시너지 효과 본격화

KG모빌리언스의 KG올앳 흡수합병은 긍정적이다. 우선 기존 휴대폰 결제사업에 더해 2020년부터 자체 결제시스템을 구축하고, 신용카드 PG시장에 본격적으로 진출하면서 연간 거래규모 7조 원 수준의 종합 PG사로 도약할 수 있게 되었다.

무엇보다 이번 합병으로 KG모빌리언스는 KG올앳이 보유하고 있는 거래처를 확보할 수 있을 뿐만 아니라 거래규모 확대에 따른 원가경쟁력을 갖출 수 있게 되었다.

또한 KG올앳이 구축한 안정적인 결제시스템과 축적된 운영 노하우를 통해 신용카드 PG시장의 후발주자로서의 핸디캡을 단번에 보완할 수 있을 것이다.

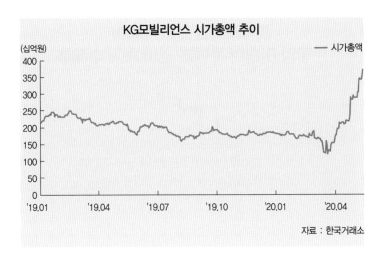

KG모빌리언스 시가총액 추이

(십억원)   ── 시가총액

자료 : 한국거래소

이와 더불어 KG모빌리언스는 그동안 정산자금 확보를 위해 ABS 발행 등으로 자금을 운용해왔으나, 신용카드 PG사는 카드회사로부터 대금을 먼저 정산받은 뒤 가맹점에 지급하는 형태이기 때문에 이번 합병으로 자금운용 측면에서 이자비용 감소효과가 발생할 수 있을 것이다.

한편 KG에듀원, 스룩, KG에프엔비 등 자회사의 경우도 향후 실적개선에 기여를 할 것이다.

갤럭시아컴즈 (094480)
_ 게임·미디어 콘텐츠 소비 증가 수혜주

- 전자결제, O2O사업, 모바일 금융 플랫폼 등의 사업 영위
- 언택트 라이프 수혜 및 머니트리 가치 상승

언택트 라이프스타일의 수혜주

갤럭시아컴즈는 효성그룹 계열사로 휴대폰 소액결제, 신용카드 결제 등을 중심으로 한 통합 전자결제서비스와 더불어 편의점 인프라를 통한 편의점선불결제, 모바일 백화점상품권 및 쿠폰의 발행과 운영을 위한 O2O사업을 주된 사업으로 영위하고 있으며, 머니트리(모바일 금융 플랫폼) 등을 운영하고 있다.

최근 코로나19로 인한 감염을 피하기 위해 사람들이 사회적 거리두기, 자발적 격리에 들어가면서 언택트 라이프스타일이 확산되고 있다. 무엇보다 외부 활동을 줄이는 대신 가정 체류 시간

이 길어지면서 게임·미디어 콘텐츠 소비가 증가하고 있는 중이다.

갤럭시아컴즈의 전자결제 주요 거래처는 배달의민족, 쿠팡, 이베이코리아, 넥슨 등으로 언택트(Untact) 라이프스타일 확산 등이 동사의 PG 처리 거래금액을 증가시켜 실적향상에 기여할 것이다.

신규 회원이 증가하면서 가치 상승

서울시와 자치구가 협업해 운영하는 서울사랑상품권은 지역 내 제로페이 가맹점에서만 쓸 수 있어 제로페이 이용 실적도 함께 급증하고 있다. 여기에 서울시가 코로나19 위기가구에 지급하는 재난긴급생활비와 더불어 정부 발행 긴급재난지원금도 서울사랑상품권 등으로 지급한다고 밝혀 제로페이에 대한 관심은 지속

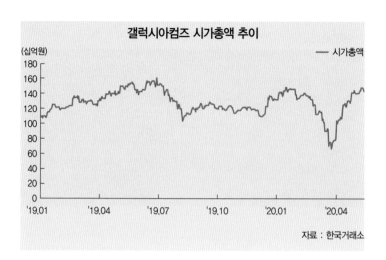

갤럭시아컴즈 시가총액 추이

(십억원) ── 시가총액

자료 : 한국거래소

될 전망이다.

머니트리는 제로페이 결제앱이다. 그렇기 때문에 긴급재난지원금 등으로 신규 회원이 증가되면서 매출향상의 기반을 마련할 것으로 예상된다.

한편 2020년 하반기부터 베트남과 태국에서 모바일 쿠폰 사업을 시작할 계획이다. 특히 베트남에서는 현지에 진출한 효성 모기업과 한국 기업을 대상으로 모바일 식권 사업부터 시작할 예정이다. 2021년부터 성장이 본격화될 것으로 예상된다.

펄어비스 (263750)
_ 밸류에이션 레벨업이 예상

- 온라인 및 모바일 게임 개발 전문업체
- IP 크로스 플레이어로 거듭나며 밸류에이션 레벨업 예상

신작 게임들이 줄줄이 대기중

2014년 12월에 검은사막 국내 서비스를 시작으로 PC 온라인 게임사업이 시작되었다. 이후 2015년 일본, 러시아, 2016년 북미, 유럽, 2017년 대만, 남미, 터키, 중동 등으로 영역을 확장했고, 2018년엔 태국과 동남아 지역까지 서비스하며 글로벌 서비스를 하고 있다.

이 같은 IP 파워를 기반으로 2018년 2월 출시된 검은사막 모바일은 국내에서 흥행하며 펄어비스의 덩치를 크게 키웠고 검은사막 모바일은 같은해 8월 대만, 홍콩, 마카오에서도 성과를 냈

다. 2019년 2월엔 일본 서비스를, 12월엔 글로벌 서비스를 시작
했다.

펄어비스 PC온라인 신작 섀도우 아레나가 2020년 5월 21일에
글로벌 게임 플랫폼 스팀에 얼리 억세스 서비스를 시작한다. 섀
도우 아레나는 펄어비스의 간판 게임인 검은사막의 콘텐츠였던
그림자 전장을 별도 분리해 내놓은 스핀오프 게임으로 최후의
1인을 가리는 액션 배틀로얄 장르다.

배틀그라운드 등 여타 배틀로얄 게임이 총기와 같은 원거리
무기를 사용하는 것과 달리 섀도우 아레나는 근접 전투를 중심
으로 전투가 벌어지기 때문에 대전 액션 게임을 하는 듯한 묘미
와 긴장감을 동시에 느낄 수 있다.

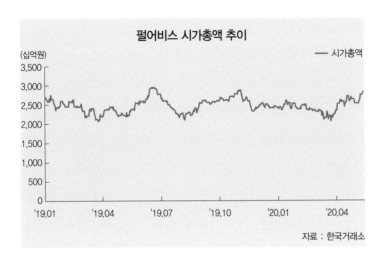

펄어비스 시가총액 추이

(십억원)

━━ 시가총액

자료 : 한국거래소

IP 크로스 플레이어로 거듭나다

전 세계 배틀로얄 게임시장을 개척한 펍지의 배틀그라운드 역시 2017년 스팀 얼리 억세스로 출발해 글로벌 흥행을 거두었던 만큼 섀도우 아레나 역시 그만큼의 흥행이 기대된다. 무엇보다 섀도우아레나는 이와 같이 PC부터 서비스되어 콘솔로 확장할 예정이다.

또한 2018년 9월 펄어비스가 인수한 CCP게임즈는 아이슬란드의 게임 개발사로 이브 온라인 IP를 가지고 있다. SF PC온라인게임인 이브 온라인은 중국에서 외자 판호를 승인받아 서비스중에 있으며, 넷이즈가 이브 IP로 개발 중인 모바일 게임 이브에

코스도 출시 예정이다.

무엇보다 펄어비스는 엑소수트 MMO 슈터 플랜 8, 수집형 오픈월드 MMO 도깨비, 에픽 판타지 오픈월드 MMORPG 붉은사막 등 다양한 장르의 신작도 개발 중이다.

펄어비스는 해당 신작들에 대해 PC와 콘솔 플랫폼으로 우선 출시한 뒤 향후 모바일, 클라우드 게임, 크로스플레이 등 새로운 게임 환경에 대응해 영역을 확장할 계획이다. 이에 따라 향후 IP 크로스 플레이어로 거듭나면서 밸류에이션이 레벨업될 수 있을 것이다.

국내 최초의 드라마 스튜디오

드라마 제작사인 스튜디오 드래곤은 CJ ENM의 드라마 사업 부문의 법인을 분리해 설립된 곳이다. CJ ENM이 보유한 tvN·OCN 등 케이블 채널에 콘텐츠를 공급하고 있고, 지상파와 종합 편성 채널 등 전통 미디어 및 다양한 디지털 플랫폼에 맞춤형 콘텐츠를 제공 중에 있다.

스튜디오드래곤은 드라마 제작에 필요한 모든 프로세스를 총괄하는 동시에 지식재산권(IP)을 소유하고 있다. 대규모 제작 역량과 시스템을 갖춤으로써 국내 최초의 드라마 스튜디오로 자리

매김했다.

현재 스튜디오드래곤의 크리에이터는 197명이다. 그리고 연간 드라마 제작 수는 2019년 기준 28편, 보유한 라이브러리는 152편이다.

스튜디오드래곤은 2016년부터 스타 작가들이 소속된 제작사의 지분을 꾸준히 인수해왔다. 핵심 제작 자회사로는 문화창고, 화앤담픽쳐스, KPJ·지티스트 등이 있다.

이를 통해 스튜디오드래곤은 김은숙(도깨비, 미스터선샤인), 박지은(사랑의 불시착), 김영현·박상연(아스달 연대기), 노희경(라이브, 디어 마이 프렌즈) 작가 등 내로라하는 국내 스타 작가들과 손잡을 수 있게 되었다.

넷플릭스와 아마존프라임비디오 등 기존 OTT 플랫폼에 이어 디즈니플러스와 애플TV플러스 등이 새로운 플레이어로 진입했

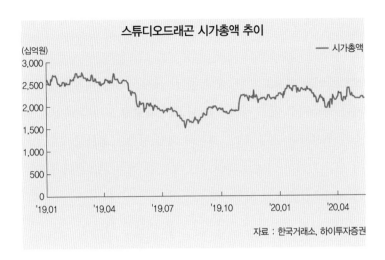

스튜디오드래곤 시가총액 추이

(십억원) — 시가총액

자료 : 한국거래소, 하이투자증권

다. 국내에서도 웨이브와 왓챠 등 다양한 OTT 플랫폼이 성장중
이다. 이들은 시장을 선점하기 위해 다수의 콘텐츠를 확보하기
위해 나설 것으로 보인다.

특히 넷플릭스의 경우 독점 콘텐츠를 확보하기 위해 해를 거
듭할수록 투자를 늘리고 있다. 무엇보다 구독 서비스 사업 지역
이 넓어지면서 특정 지역에 특화된 콘텐츠를 많이 확보하려는
시도들이 늘고 있다. 이에 따라 스튜디오 드래곤은 2020년 1월
부터 넷플릭스에 3년 동안 21편을 공급하는 계약을 2019년 11월
체결했다.

중국의 한한령 해제가 이슈

코로나19의 여파로 미국, 중국 등 전 세계 드라마 제작이 중단되거나 축소되고 있고 광고부진 심화로 채널별 드라마 라인업 축소가 우려되나, 스튜디오드래곤의 제작 영향은 제한적이며 오히려 신규 드라마 가치가 확대되고 미국 등 현지 크리에이터 확보가 용이해질 것으로 전망된다.

이와 함께 동영상 스트리밍과 같은 비대면 서비스 수요 증가 및 OTT 경쟁 심화로 해외 판매 단가 인상 및 해외 비중 확대가 기대된다. 따라서 동사의 완성도 높은 콘텐츠는 가치가 더욱 높아질 것이다.

한편 한한령 해제 이슈도 관심거리다. 중국이 2020년 2~3분기 중에 한한령을 해제한다면 스튜디오드래곤에게 가장 큰 수혜가 예상된다.

언택트 라이프 스타일 확산으로 글로벌 OTT 가입자 수가 폭발적으로 증가함에 따라 완성도 높은 콘텐츠를 제작할 수 있는 스튜디오드래곤의 최대 수혜가 예상된다. 무엇보다 향후 글로벌 OTT와의 유통을 통해 브랜드 가치의 레벨업이 기대된다.

카카오 (035720)
_ 명실상부한 토탈 모바일 생활 플랫폼

- 카카오톡의 플랫폼을 기반으로 다양한 서비스 제공
- 토탈 모바일 생활 플랫폼으로서의 성장성 부각될 듯

결실을 보는 카카오의 기업 인수 전략

카카오는 다음과 합병 이후 카카오톡과 연동할 수 있는 기업을 꾸준히 사들였다. 알림장 앱 업체 키즈노트, 중고 전자기기 거래 업체 셀잇, 내비게이션 앱 록앤올 등이 대표적이다. 2016년엔 SK플래닛으로부터 로엔엔터테인먼트를 인수했다. 카카오가 인수한 기업은 2015년 13개, 2016년 6개, 2017년 5개, 2018년 9개, 2019년 15개 등 5년간 48개에 이른다.

카카오는 기업을 인수한 후 성장 가능성이 큰 사업 부문을 계열사로 독립시키고 있다. 총 48곳을 인수했지만 계열사가 92개

인 이유다. 택시 서비스를 운영하는 카카오모빌리티, 로엔엔터테인먼트의 부문 분사(카카오M) 등이 대표적이다.

이렇게 분사한 계열사는 또다시 M&A로 성장한다. 카카오모빌리티의 경우 택시 호출 서비스가 성공하며 분사한 이후 버스, 지하철, 주차장 등 관련 서비스 업체를 인수해 사업 영역을 확대했다. 또한 교통 관련 통합 앱인 카카오T를 내고 대리운전 호출 서비스도 추가했다. 최근엔 택시 회사를 공격적으로 잇달아 사들이는 중이다.

택시 운송 및 가맹업체인 진화와 케이엠솔루션(서비스명 웨이고)을 인수했고, 케이엠원 등 6개 관련 회사를 새로 설립했다. 현재 카카오모빌리티는 총 9곳의 택시 법인을 인수해 택시 면허 900여 개를 확보했다.

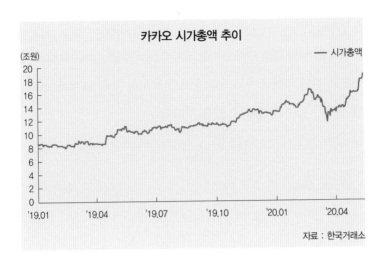

카카오 시가총액 추이

(조원) — 시가총액

자료 : 한국거래소

카카오톡 기반의 사업 영역 확대

카카오 콘텐츠 부문의 경우 웹툰과 웹소설 지식재산권(IP)을 확
보한 카카오페이지, 콘텐츠 직접 제작 능력을 확보한 카카오M
등으로 콘텐츠 수직 계열화를 이루었다.

2019년 8월 이후 영화 제작사와 연예 매니지먼트사만 5개를
편입했고, 2020년에 들어서는 배우 이병헌의 소속사인 BH엔터
테인먼트와 공유·공효진의 소속사인 숲엔터테인먼트, 김태리의
소속사인 제이와이드컴퍼니 등의 지분을 인수하기도 했다.

카카오 금융 부문의 경우 카카오페이는 2019년 인슈어테크 플
랫폼 스타트업인 인바이유를 인수하며 보험업에 뛰어들었고, 바

로투자증권을 인수해 증권업으로도 보폭을 넓혔다.

이렇듯 카카오는 카카오톡을 기반으로 콘텐츠, 금융, 모빌리티 등으로 사업 영역을 확대하면서 토탈 모바일 생활 플랫폼으로서의 성장성 등이 부각될 수 있을 것이다.

NAVER (035420)
_ 명실상부한 종합 쇼핑 플랫폼으로 도약

- 온라인 광고 및 콘텐츠 사업자
- 종합 쇼핑 플랫폼 도약 및 신규사업의 성장성 부각될 듯

막대한 이용자 데이터를 가진 공룡 플랫폼

네이버는 2020년 쇼핑사업에서 막대한 이용자 데이터를 기반으로 기업들이 제품 판매뿐 아니라 컨설팅까지 받을 수 있는 종합 쇼핑 플랫폼으로의 도약을 추진 중이다.

네이버는 그 첫걸음으로 유통 브랜드들이 네이버 쇼핑 플랫폼에서 자사 홍보 등을 할 수 있는 브랜드 스토어를 신설했다. 네이버는 가전 분야를 시작으로 생필품과 가구 등으로 확장해 2020년 안에 200개 이상의 브랜드 스토어를 입점시킨다는 목표를 세웠다.

또한 유명 브랜드가 입점한 브랜드스토어에서 배송·물류업
체와 협업할 계획이다. 브랜드스토어에 입점한 LG생활건강은 대
한통운과 제휴해 오후 11시 30분까지 주문한 상품을 24시간 안
에 배송하는 서비스를 최근 시작했다.

이와 더불어 네이버는 언택트 소비가 증가하는 추세에 따라
플랫폼을 통해 고객은 매장에 방문할 필요 없이 전문가와 실시
간 채팅으로 상품 정보를 제공받을 수 있고, 판매자는 고객 접점
을 늘릴 수 있는 생방송으로 상품을 소개하는 라이브 커머스 서
비스도 강화할 예정이다.

무엇보다 코로나19 확산으로 재택근무, 언택트 서비스 등 수
요가 늘어나면서 기업을 상대로 한 솔루션과 클라우드 인프라를
제공하는 사업이 더욱 각광받고 있다.

네이버의 자회사인 웍스모바일이 개발·운영하는 기업용 메신

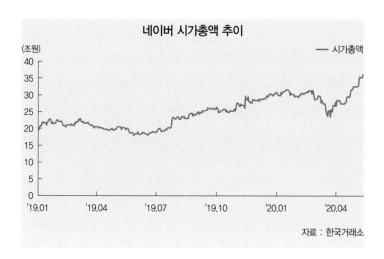

네이버 시가총액 추이

(조원)

— 시가총액

저 라인웍스의 경우 2020년 3월 국내 고객 수는 전년 대비 20배 이상 증가했고, 일본에서도 연초 대비 2배 이상 성장했다.

신규 사업의 성장성이 더욱 부각될 듯

네이버의 신규 사업의 성장성이 부각될 것이다. 우선 네이버웹툰이 미국 Z세대를 중요 타깃을 확보하며 글로벌 성장 기반을 마련함에 따라 향후 글로벌 시장에서 빠른 성장세가 예상된다.

그 다음으로 네이버는 자회사 네이버파이낸셜을 통해 핀테크 사업을 본격화할 예정이다. 네이버파이낸셜은 네이버가 지닌 IT

기술력에 미래에셋그룹의 자본력과 금융 전문성까지 더해지며 핀테크사업에서 상당한 역량을 갖추었다.

미래에셋그룹은 네이버파이낸셜에 8천억 원을 투자했는데 미래에셋그룹의 주력사업인 증권업뿐 아니라 보험, 캐피털 등 다양한 금융분야에서 네이버파이낸셜과 제휴가 이뤄질 것으로 예상된다.

네이버파이낸셜은 2020년 5월 안에 네이버 통장을 공개하고, 2020년 하반기에 다양한 금융상품과 함께 종합금융서비스를 내놓을 계획이다.

한편 2019년 11월 네이버는 소프트뱅크와 라인, 야후재팬 운영사 Z홀딩스의 경영을 통합하기로 했다. 이에 따라 네이버와 소프트뱅크는 라인을 양사가 지분 전체를 보유한 합작회사로 만든다. 이 합작사는 Z홀딩스를 지배하게 된다. 향후 합병법인을 중심으로 일본에서 배달 등 언택트 서비스의 성장성 등이 가시화될 수 있을 것이다.

쇼핑 및 웹툰 성장세 지속과 더불어 네이버파이낸셜 금융사업 본격화 등 종합 플랫폼 기업으로서의 밸류에이션 리레이팅이 기대된다.

지어소프트 (051160)
_ 새벽배송 플랫폼 업체로 성장세 구가

- IT서비스, 광고, 유통 등의 사업을 영위
- 언택트로 새벽배송 오아시스 가치 레벨업

온라인쇼핑 시장 성장으로 인한 수혜 기대

지어소프트는 유무선 시스템의 개발·운영·유지보수 등 IT 전 영역에 대한 토털 서비스를 제공하는 IT서비스부문과 더불어 온라인을 중심으로 한 통합 마케팅 커뮤니케이션 서비스를 제공하는 광고사업 부문 및 농·수산물 직거래를 통한 유기농마켓을 운영하는 유통 부문 등을 주력사업으로 영위하고 있다. 특히 동사는 유기농 신선식품 유통사인 오아시스 지분을 79.4%를 보유하고 있다.

통계청에 따르면 2019년 국내 온라인쇼핑 거래액은 113조 7천억 원으로 사상 처음 100조 원을 돌파했다. 언택트 트렌드 확산

으로 온라인쇼핑 시장은 더욱 커질 것으로 예상됨에 따라 새벽
배송시장 역시 지속적으로 성장할 것으로 기대된다.

특히 신선식품 등 식재료 새벽배송시장은 폭발적인 성장을 하
고 있는 중이다. 짧은 시간에 비해 새벽배송시장은 급성장하며
덩치가 커졌지만 규모의 성장과는 다르게 해당 업체들은 적자를
면치 못하고 있다.

오아시스 새벽배송의 온라인 매출 본격화

한편 지어소프트의 주력 자회사인 오아시스는 지난 2011년 우리
소비자생활협동조합 출신들이 설립한 오프라인 마트로 출발했
다. 중간 유통 과정을 생략한 산지 직송 등 생산자 직거래 시스템

지어소프트 시가총액 추이

(십억원) ── 시가총액

자료 : Quantiwise, 하이투자증권

을 구축해 가격 경쟁력을 확보함에 따라 광고 및 마케팅 비용을 낮추고 유기농제품을 저가에 공급하고 있으며, 2018년 8월 온라인 새벽배송을 시작하면서도 이러한 낮은 가격 정책을 유지했다.

또한 오아시스의 상품 유통망은 새벽배송, 37개의 오프라인 매장 및 배달 판매로 재고를 줄이는 유통구조를 가지고 있어서 신선식품 폐기율이 0.1% 수준이다. 이에 따라 오아시스의 경우 2019년에 약 10억 원의 영업이익을 기록하면서 흑자기조가 유지되고 있다.

온라인 월매출의 경우 2018년 12월 6억 3천만 원에서 2019년 12월 55억 원으로 빠르게 성장하고 있는 중이다. 특히 코로나 등으로 인한 언택트 트렌드 확산으로 오아시스의 누적회원수가

2019년 말 기준 23만 명에서 2020년 3월 말에는 30만 명 이상으로 증가되었다.

이에 따라 오아시스의 2020년 온라인 매출의 경우 2019년 오프라인 매출 1,037억 원을 뛰어넘을 것으로 예상된다. 이는 곧 새벽배송 플랫폼 업체로서 오아시스의 기업가치를 레벨업시키는 요인이 될 것이다.

2020년 오아시스의 새벽배송 온라인 매출이 본격화된다는 점과 더불어 흑자라는 차별화 요소 등으로 밸류에이션이 레벨업되면서 동사의 지분가치도 상승할 수 있을 것이다.

알서포트 (131370)
_ 재택근무 및 B2C 간 언택트 증가의 수혜주

- 원격지원, 원격제어 소프트웨어 개발 및 공급업체
- 재택근무 등 언택트 라이프스타일 확산 수혜

재택근무 확산으로 성장의 계기 마련

우리나라 주요 기업들이 코로나19 확산에 대응해 재택근무에 들어가면서 이를 지원하는 솔루션 등의 수요가 증가하고 있다. 이에 따라 알서포트는 2020년 1월 26일부터 클라우드 화상회의 솔루션 RemoteMeeting(물리적으로 멀리 떨어진 사람들 누구와도 손쉽게 커뮤니케이션 하듯 웹브라우저 화상회의로 커뮤니케이션을 해결해 줌)과 원격제어 솔루션 RemoteView(내 업무 방식이 그대로 담긴 사무실 PC를 원격제어해 어디서든지 똑같은 업무 환경을 제공해 줌)을 2020년 4월 30일까지 무료로 제공했다.

또한 온라인 개학을 한 교육기관에도 해당 서비스를 코로나19 종료 때까지 무료로 제공하기로 했다. 현재 4,200개 기업, 550개 초·중·고교 및 500개 대학이 알서포트의 재택근무 솔루션을 활용해 비대면 업무·수업을 진행하고 있다

통신 기술의 발달로 재택근무가 일상화될 것이라고 예상했지만 아직까지 대면 업무에 익숙한 기업 문화 특성 때문에 그동안 외면받았지만 기회는 왔다. 앞에서도 말했듯이 전염병 등 극단적 상황이 라이프스타일을 바꾸고 변화를 이끈 것이다. 이에 따라 이번 기회에 재택근무의 생산성과 효율성 등을 경험하게 되면 업무혁신적인 측면에서 재택근무 성장의 계기가 마련될 것으로 예상된다.

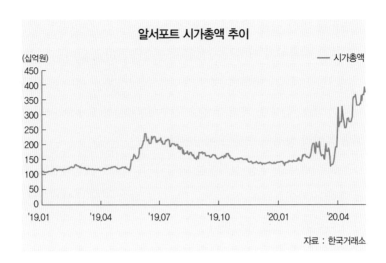

알서포트 시가총액 추이

(십억원)
450
400
350
300
250
200
150
100
50
0

'19.01 '19.04 '19.07 '19.10 '20.01 '20.04

— 시가총액

자료 : 한국거래소

B2C 간 비대면 서비스 증가

금융권의 비대면 시스템이 본격화된 것은 지난 2016년 인터넷 은행 허가와 함께 진행된 비대면 계좌 개설부터 시작되었다. 증권업계는 지난 2018년 6월 금융위원회에서 비대면 투자일임 계약이 전격적으로 허용되면서 비대면 시스템 도입에 박차를 가하게 되었다.

이러한 비대면 투자일임 계약 허용 후 다수의 증권사 등은 동사 RemoteMeeting에 기반을 둔 비대면 영상 상담 시스템을 도입해 서비스를 개시했다.

최근 코로나19로 인해 비대면을 통해 고객을 유치하고 각종 증명서나 자산 운용 현황 등에 대한 금융 서비스도 비대면 영상 상담으로 이루어져 서비스 사용량이 크게 증가하고 있다.

이러한 B2C 간 비대면 영상 상담은 삼성전자가 이미 도입한 것처럼 제조, 금융을 가리지 않고 필수 고객 지원 도구로 자리매김함에 따라 동사의 수혜가 예상된다.

무료 이벤트로 당장 실적에는 반영되지는 않겠지만 이벤트 종료 후에는 락인효과(lock-in effect) 등으로 향후 실적 개선세의 계기가 마련될 것으로 예상된다.

향후 우리나라 및 일본에서의 재택근무 및 B2C 간 비대면(언택트) 서비스 증가로 동사 성장의 교두보가 마련될 것으로 기대된다.

더존비즈온 (012510)
_ 클라우드 전환 증가의 수혜주

- 기업용 솔루션 전문기업
- 클라우드 등 신규사업의 성장성

신규 수익 모델 창출 가능

더존비즈온은 회계 프로그램뿐만 아니라 ERP, IFRS솔루션, 그룹웨어, 정보보호, 전자세금계산서 등 기업 정보화 소프트웨어 분야에서 필요한 각종 솔루션과 서비스를 제공하고 있다. 주요사업은 크게 기업정보화솔루션, 클라우드 서비스, 그룹웨어, 정보보안, 모바일솔루션, 전자금융서비스·전자세금계산서, 전자팩스 부문 등으로 나눌 수 있다.

2019년 6월 고객을 더욱 확대하기 위해 세무회계 사무소용 WEHAGO T와 수임고객사용 WEHAGO T Edge 서비스를 출

시했다. WEHAGO T는 세무회계 사무소의 업무와 비즈니스 전반을 클라우드로 제공하는 통합정보시스템이며, WEHAGO T Edge는 세무회계 사무소와 수임고객사 간의 업무소통이 쉽고 빠르며 더욱 편리해지도록 수임고객사 측을 지원하는 정보시스템이다. 이를 통해 신규 고객들의 클라우드 채택과 더불어 기존 고객들의 클라우드 전환이 증가하면서 수익성 개선에 긍정적인 영향을 미칠 것이다.

클라우드 등 신규사업의 성장성 부각

2019년 말 기준으로 WEHAGO T를 이용하는 세무사무소는 2,350개였는데, 2020년 1분기 말 기준으로는 3,300개 수준으로

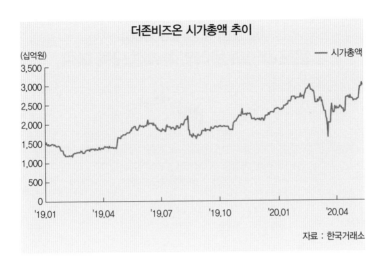

더존비즈온 시가총액 추이

자료 : 한국거래소

증가했다. 2020년 5월 종합소득세 신고 이후 세무사무소 가입이 더욱 더 증가할 것으로 예상된다. 이를 바탕으로 2021년에는 WEHAGO T Edge의 성장이 본격화될 것으로 기대된다.

무엇보다 WEHAGO 플랫폼을 활용한 빅데이터를 기반으로 분석·학습시켜 가공 후 마켓플레이스에서 금융기관, 기업, 정부, 공공기관 등의 수요자가 정보 조회 및 데이터 구매를 통한 신규 수익 모델 창출이 가능할 것이다.

WEHAGO 등을 통해 클라우드, 빅데이터, 핀테크 등에서의 신규 비즈니스들이 서로 시너지 효과가 발휘되는 선순환 사이클에 진입하면서 성장성 등이 부각될 수 있을 것이다.

오호라 젤네일의 성장성에 주목

에코마케팅은 지난 2003년 설립된 온라인 종합광고대행업체로 온라인광고를 활용한 퍼포먼스 마케팅에 주력하고 있다.

또한 2017년 8월 인수한 손자회사인 데일리앤코를 통해 자체 제작한 비디오 콘텐츠와 미디어 등을 활용한 D2C(Direct To Consumer) 방식의 미디어 커머스 업체를 운영하고 있다.

에코마케팅은 2019년 9월 네일 스티커 스타트업 업체인 글루가 지분 20%를 취득함으로써 신규 광고주를 확보했다. 글루가 자체 브랜드 오호라(ohora)의 경우 네일샵에서 사용하는 액상의

젤네일 원료를 60%만 반액체화한 반경화 필름(Semi-cured)으로 만든 제품을 붙이고 UV램프로 경화시키면, 손톱 위에서 단단하게 변해 기존 네일 스티커나 인조손톱과는 완전히 차별화된 젤네일을 경험할 수 있다. 이렇듯 오호라의 경우 스티커 특성상 손재주가 없거나 바쁜 소비자들이 간편하고도 깔끔하게 손톱을 꾸밀 수 있다는 장점이 있다. 기존 네일시장에서 가지고 있던 단점들을 극복한다면 향후 매출 확대를 도모할 수 있을 것이다.

데일리앤코의 가치 상승

제품을 광고하고 판매량에 따라 광고비를 받는 CPS(cost per sale) 방식이기 때문에 오호라의 매출이 증가할수록 동사의 수익성은

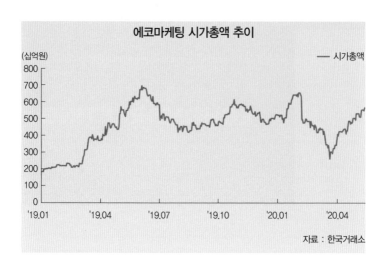

에코마케팅 시가총액 추이

(십억원)

── 시가총액

자료 : 한국거래소

개선될 것이다. 향후 오호라 젤네일의 성장성이 클 것으로 예상됨에 따라 동사의 성장을 이끌 것으로 기대된다.

에코마케팅의 손자회사인 데일리앤코에서 2018년 7월 출시한 미니 마사지기 클럭(klug)의 경우 휴대용 미니 안마기로 리포지셔닝해 중장년층이 구입하기 좋은 콘셉으로 지속적인 매출을 올리고 있다.

또한 최근에는 수면 전문 브랜드 몽제에서 매트리스를, 코스메틱 브랜드 유리카에서 브러쉬 세척기 등을 판매하고 있다. 따라서 미디어 커머스 시장의 성장이 가속화되는 환경하에서 데일리앤코의 가치도 상승할 수 있을 것이다.

재정정책
유망주

- ◆대림산업
- ◆현대상사
- ◆동국S&C
- ◆씨에스베어링
- ◆그린플러스

대림산업 (000210)
_ 안정적인 실적 기대

- 종합건설업과 석유화학사업을 영위
- 안정적 이익과 지배구조 개선 가능성

안정적인 실적 기대

2020년 1분기 IFRS 연결기준 매출액 2조 5,094억 원(YoY +8.1%), 영업이익 2,902억 원(YoY +20.5%)으로 양호한 실적을 기록했다. 이는 고려개발의 연결 자회사 편입효과와 더불어 자회사 삼호의 준공효과 등에 따른 이익 호조, 자체사업 측면에서는 주택 및 플랜트 부문 이익률이 호조 되었기 때문이다.

다만 유가급락 등에 따른 재고평가손실 등으로 자체 유화 부문 및 YNCC 등의 실적이 부진했다.

2020년 1분기에 건설부문 및 자회사에서 일회적 이익 증가 요

인이 있었으나 2분기부터 유화 부문 이익 개선과 Cariflex 연결 편입효과 등으로 2020년 전체적으로 안정적인 실적을 기대할 수 있다.

Cariflex는 고부가가치 합성고무와 라텍스 등을 생산하고 있으며, 주로 수술용 장갑과 주사용기의 고무마개 등 의료용 소재로 사용된다. 최근 코로나19로 인해 수술용 장갑 등의 수요가 증가하면서 수혜가 예상된다.

한편 2020년 4분기에 성수동 오피스 매각 관련 매출 5,710억 원과 영업이익 1,271억 원을 일시에 인식함에 따라 2020년 전체적으로 안정적인 실적에 기여할 것이다.

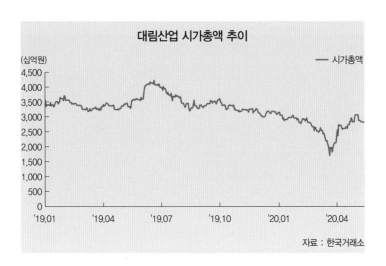

대림산업 시가총액 추이

(십억원)   ── 시가총액
4,500
4,000
3,500
3,000
2,500
2,000
1,500
1,000
500
0
    '19.01   '19.04   '19.07   '19.10   '20.01   '20.04

자료 : 한국거래소

향후 지배구조 개선 가능성이 높아진다

대림그룹은 이해욱 부회장이 대림코퍼레이션 지분 52.3%를 보유하고 있으며, 대림코퍼레이션은 실질적인 사업지주회사인 대림산업의 지분 21.7%를 확보하고 있다.

대림산업이 대부분의 계열사에 대한 지배권을 행사하고 있다. 대림산업의 주주는 대림코퍼레이션 외 특수관계인 23.1%를 비롯해 국민연금 12.8%, 기타 64.1% 등으로 분포되어 있다.

이처럼 대림산업에 대한 대주주 지배력이 취약하기 때문에, 그 어느 때보다 지배구조 개선 가능성이 높아질 수 있다.

현대상사 (011760)
_ 코로나에도 양호한 실적

- 종합상사
- 안정적인 이익 실현

시황 개선으로 실적 반등 예상

2020년 1분기 IFRS 연결기준 매출액 9,218억 원(YoY -19.0%), 영업이익 142억 원(YoY +15.2%)으로 양호한 실적을 기록했다.

매출액의 경우 차량소재 및 철강 등 무역 부문에서 코로나19에 따른 트레이딩 시황침체로 외형 감소폭이 크게 나타남에 따라 전년동기 대비 하락했다. 영업이익의 경우는 큰 폭의 외형 성장 둔화에도 불구하고 철강 및 화학 부문의 수익성 위주의 선별수주로 오히려 전년동기 대비 개선되었다.

2020년 2분기와 3분기에도 코로나19 영향으로 차량소재 및

철강 등 무역 부문의 외형 감소는 불가피할 것으로 예상된다. 하지만 2020년 4분기부터는 무역 부문의 시황개선으로 실적이 반등할 것으로 예상된다.

코로나에도 안정적인 이익 가능

무엇보다 2020년 3월 체결된 투르크메니스탄 교통청과의 현대차 대형버스 400대 공급계약(약 6천만 달러)은 2020년 하반기에 손익으로 인식될 것으로 예상됨에 따라 2020년 안정적인 이익 실현에 기여할 것이다.

또한 현재 원유선물시장이 슈퍼 컨탱고 시장임을 감안한다면 2020년 하반기에는 유가수준이 상승하면서 자원개발수익이 회

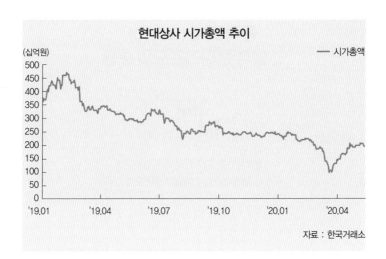

현대상사 시가총액 추이

(십억원)

— 시가총액

자료 : 한국거래소

복될 것으로 예상된다.

이에 따라 외형감소율에 비해 영업이익률의 감소는 제한적일 것으로 예상되어 올해 안정적인 이익이 가능할 것으로 전망된다.

무엇보다 2019년 주당 배당금 600원을 가정해도 현재 주가 수준(14,450원)에서 배당수익률이 4.2%에 이르고 있어서 현대상사 주가의 하방 경직성은 확보될 수 있을 것이다.

동국S&C (100130)
_ 실적 턴어라운드의 순풍

- 풍력발전용 윈드타워 제조 전문기업
- 실적 턴어라운드의 바람이 불어오고 있다

세계 해상풍력의 경우 5~6배로 확대 전망

동국S&C는 지난 2001년 동국산업의 철구 및 건설사업부가 물적
분할되어 설립된 풍력발전용 윈드타워 제조 전문기업이다. 철골
구조물 제작사업에서 축적한 용접기술력을 바탕으로 풍력발전
용 윈드타워 사업에 진출했다.

　GE, Vestas, Nordex-Acciona 등 풍력발전의 글로벌 플레이
어를 주요 매출처로 확보하고 있다. 수출의 90%는 미국지역이
다. 또한 지난 2014년에는 가전제품 및 건축물 등의 내외장재로
사용되는 다양한 색상의 컬러강판 제조업체인 DK동신을 종속회

170

사로 편입했다.

동국S&C의 주요 수출지역인 미국의 경우 2019년 한 해 동안 신규 설치된 풍력발전 설비는 전년 대비 20% 증가한 총 9,143MW이다.

또한 세계풍력협회에 따르면 향후 5년 동안 전 세계 풍력 발전은 317GW가 신규 설치되면서 연평균 2.7%의 성장률을 나타낼 것으로 전망하고 있다. 특히 세계 해상풍력의 경우 2030년까지 5~6배로 확대될 전망인데, 이는 유럽의 지속적인 성장세와 더불어 중국을 비롯한 아시아의 설치용량이 대폭 확대될 것으로 예상되기 때문이다.

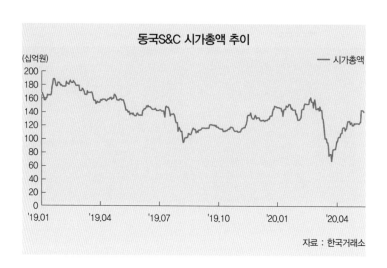

동국S&C 시가총액 추이

(십억원)

— 시가총액

자료 : 한국거래소

실적 턴어라운드 예상

2019년 말 기준으로 동사의 수주잔고는 윈드타워 765억 원, 철
구조물 10억 원, 건설 및 풍력단지 1,423억 원 등 2,197억 원이다.
2018년 말 수주잔고 1,766억 원에 비해 대폭적으로 증가한 수준
이다. 이는 2019년 건설공사 등으로 인해 수주가 증가되었기 때
문이다. 따라서 2020년은 건설공사 등이 매출성장을 이끌 것으
로 예상된다.

2020년 2월 5일 한국, 캐나다, 인도네시아, 베트남 윈드타워에
대한 미국 상무부의 반덤핑 관세 예비판정이 내려졌다.

한국의 경우 5.98%의 예비관세가 매겨졌다. 2020년 6월 확정

판정에서 예비 관세율이 확정된다면 동국S&C의 미국향 윈드타워 수출은 큰 타격을 받지 않을 것으로 판단된다.

한편 자회사 DK동신의 경우 2019년에 구조조정 등 일회성 비용이 발생했다. 그런 이유로 2020년의 경우 기저효과 등의 영향으로 실적 턴어라운드가 예상된다.

씨에스베어링 (297090)
_ 글로벌 기업으로 매출처 확대

- 풍력발전기 베어링 전문업체
- 따듯한 바람이 봄을 촉진시킬 듯

매출처 및 생산능력 확대로 성장 지속

씨에스베어링은 2007년 삼현엔지니어링으로 설립되어 2018년 씨에스윈드에 인수된 풍력발전기 베어링 전문업체이다.

주력제품으로는 블레이드와 로터를 연결하고 지지하는 역할을 하는 피치 베어링과 타워와 나셀을 연결 및 지지하는 부품인 요 베어링 등이다.

씨에스베어링의 주요 매출처는 GE로 전체 매출액 중 97%의 비중을 차지하고 있다. 또한 GE 전체 베어링 수요의 40%를 동사가 담당하고 있다.

　세계풍력협회에 따르면 향후 5년 동안 전 세계 풍력 발전은 317GW가 신규 설치되며, 연평균 2.7%의 성장률을 나타낼 것으로 전망하고 있다.

　특히 세계 해상풍력의 경우 2030년까지 5~6배로 확대될 전망이며, 유럽의 지속적인 성장세와 더불어 중국을 비롯한 아시아의 설치용량이 대폭 확대될 것으로 예상된다. 이러한 환경하에서 씨에스베어링의 경우 기존 핵심 고객사인 GE뿐만 아니라 향후 지멘스가메사, 베스타스 등 글로벌 기업으로 매출처를 확대할 예정이다.

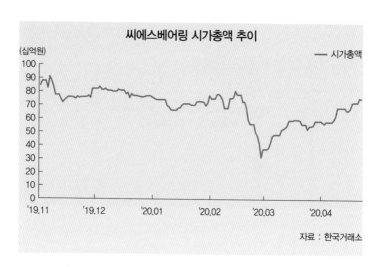

씨에스베어링 시가총액 추이

(십억원) — 시가총액

자료 : 한국거래소

베트남 기지가 급성장 중

이에 대해 2019년 7월 베트남 법인을 설립한 뒤 총 5만㎡의 부지 위에 318억 원을 투자(올해 62억 원 추가 투자)해 연간 4천pcs 규모의 증설을 완료해 2020년 상반기부터 생산에 들어갈 예정이다.

경남 함안에 있는 국내 공장 생산량 7,500pcs를 합하면 전체 생산량이 1만 1,500pcs에 이르게 된다. 또한 향후에도 단계적으로 생산능력을 확대할 것으로 예상된다. 특히 베트남 기지는 최근 급성장 중인 해상풍력용 베어링 생산설비를 갖춰 해상풍력 시장에 진출하기 위한 전진기지로 활용할 예정이다.

씨에스베어링은 매출처 및 생산능력 확대로 해를 거듭할수록 매출성장이 지속될 것으로 예상된다. 이러한 매출성장이 향후 씨에스베어링 주가상승의 모멘텀으로 작용할 것이다.

그린플러스 (186230)
_ 스마트팜 관련 정부정책 시행의 수혜주

- 국내 1위 첨단온실 전문기업
- 스마트팜 활성화의 최대 수혜주

해를 거듭할수록 매출 성장이 가시화될 듯

1997년에 설립된 그린플러스는 첨단온실 분야에서 국내 1위 업체로 알루미늄과 온실사업 등을 주요 사업으로 영위하고 있다. 알루미늄 압출 생산라인을 기반으로 온실 설계부터 자재 제작과 시공에 이르기까지 첨단온실사업의 전 영역을 대응할 수 있는 역량을 보유하고 있다.

또한 연결 종속회사로 민물장어 양식에 그린피시팜, 스마트팜 딸기 재배에 그린케이팜을 두고 있다.

첨단온실은 빛, 온도, 습도 등 온실 내 작물생육을 위한 환경조

건을 제어해 일년 내내 작물을 생산할 수 있도록 한 온실을 말한다. 국내 첨단유리온실 시장은 2017년 기준으로 국내채소와 화훼재배 면적 중 비중이 0.76%에 불과하다. 인구 고령화로 첨단온실 시설이 늘었던 일본의 경우 첨단유리온실 비중이 4.5%이기 때문에 우리나라 역시 향후 성장성이 높다고 판단된다.

정부는 전북 김제, 경북 상주, 전남 고흥, 경남 밀양 등 4개 지역에 올해부터 2022년까지 스마트팜 인프라를 조성하는 사업을 진행할 예정이다.

스마트팜은 농산물의 생산, 가공, 유통단계에서 정보통신기술(ICT)을 접목해 지능화된 농업 시스템을 말한다. 해당 사업의 총 사업비는 약 4,200억 원이며, 첨단온실 설비구축 사업비는 2,800억 원 수준이다. 2020년부터 스마트팜 혁신밸리 관련 수주 등이 가시화되면서 향후 매출 성장의 기반이 될 것이다.

그린플러스 시가총액 추이

(십억원)

— 시가총액

자료 : 한국거래소

2020년 매출성장 본격화, 2021년 점프업 예상

무엇보다 농협은 스마트팜 종합자금 대출 지원, 청년 대상 창농
(創農) 교육, 지자체 협력 사업 등으로 정부의 스마트팜 사업을
적극적으로 뒷받침하고 있다. 이러한 스마트팜 활성화 등으로 인
해 그린플러스의 수주가 증가하고 있다.

한편 그린플러스의 자회사인 그린피시팜의 민물장어 양식은
5,000평 규모로 국내 최대 장어양식 단지를 보유하고 있다. 지름
이 6미터인 양식수조 224개를 보유 중이며, 순환여과식 시스템
으로 폐사율은 3%까지 안정되었다. 치어를 추가 구매해 양식 규
모가 확대되고 있어서 2021년에는 Full Capa 수준으로 매출이

증가할 것으로 예상된다.

　스마트팜 관련 정부정책이 시행됨에 따라 수주가 가시화되면서 2020년부터 매출성장이 본격화될 것으로 예상된다. 무엇보다 2021년에는 스마트팜 관련 및 그린피시팜 매출 증가로 성장이 점프업될 것으로 예상된다.

- 제4차 산업혁명으로 스마트 헬스케어 시대가 도래하고 있다
- 코로나 이후 스마트 헬스케어가 중요한 변곡점이 될 것이다
- 코로나 관련 진단, 치료제, 백신 개발 현황을 파악하자
- 스마트 헬스케어 유망주

PART 3

코로나 이후
의료 서비스
패러다임이 변한다

제4차 산업혁명으로
스마트 헬스케어 시대가 도래하고 있다

의료와 지능정보기술(IoT, 빅데이터, AI, 클라우드)이
융합된 형태로 혁신 의료서비스를 창출할 수 있을 것이다.

진정한 스마트시대가 전개된다

스마트시대에서는 각종 센서와 유무선 통신 기술을 통한 현실과 디지털 세상의 컨버전스로 삶의 편의성이 획기적으로 개선될 수 있다.

다시 말해서 사물인터넷(IoT), 빅데이터(BigData), 인공지능(AI), 클라우드(Cloud) 등을 통해 지능정보가 생성되고 융합되면서 사회경제 등 모든 분야에 보편적으로 활용되고, 그것이 새로운 가치로 창출되며 발전하는 사회가 바로 스마트 시대이다.

제4차 산업혁명으로 진정한 스마트시대(지능화+초연결)가 전개

핸드폰과 스마트워치가 개인 건강 상태를 모니터링한다.

될 수 있을 것이다. 지능화 및 초연결로 인한 지능정보기술[사물 인터넷(IoT), 빅데이터(BigData), 인공지능(AI), 클라우드(Cloud)]의 융복합으로 스마트카, 스마트공장, 스마트홈, 스마트시티, 스마트 헬스케어 등 스마트 시스템 구축이 가능하다. 이 시스템 등이 사회 전반적으로 활용되고 다양한 문제에 대응하면서 효율성이 높아져 인류의 삶을 보다 더 나아지게 할 것이다.

헬스케어 관점에서도 제4차 산업혁명으로 인해 스마트 헬스케어 시대가 도래하고 있다. 스마트 헬스케어는 의료와 지능정보기술이 융합된 형태로 의료 데이터를 기반으로 지능화된 서비스를 제공해 환자의 개인별 건강상태를 실시간으로 모니터링 및 관리할 수 있게 한다.

이런 기반을 바탕으로 건강정보 및 질병 상태 등을 분석하면서 최적화된 맞춤형 의료서비스가 가능해진다.

이러한 스마트 헬스케어 생태계에는 개인건강 및 웰니스 기기를 생산하는 하드웨어 업체, 의료·건강 정보 솔루션, 개인건강기록 솔루션, AI 기반 분석툴, 플랫폼 등을 공급하는 소프트웨어 기업, 건강정보·분석 서비스, 개인 맞춤형 건강관리 서비스, 원격의료 등을 제공하는 병원 등의 서비스 업체로 구분된다.

이와 같은 스마트 헬스케어 산업이 성장하고 있는 배경으로는 의료 서비스의 패러다임 전환, 인구 고령화 및 만성질환자 증가, 기술 발전으로 인한 스마트 헬스케어 관련 데이터 증가 및 혁신 서비스 창출 등을 들 수 있다.

제4차 산업혁명은 기회의 땅

먼저 지능정보기술의 발달로 의료 서비스의 패러다임이 질병이 발생한 후에 치료하는 공급자 중심에서 스스로 건강을 관리하는 수요자 중심으로 변화하고 있다. 즉 4P(예측: Predictive, 예방: Preventive, 개인맞춤: Personalized, 참여: Participatory)로 의료 서비스패러다임이 변화되고 있는 것이다.

웨어러블 디바이스 등 스마트 기기의 보급·확산으로 개인 스스로 자신의 식사 습관, 혈압, 운동, 활동량 등과 같은 다양한 데이터 수집이 가능하고, 이러한 지속적인 모니터링이 건강 상태를 분석하는데 유용하게 사용될 수 있다.

이와 같이 헬스케어 관련 정보를 생성하는 곳이 병원 중심에서 개인 일상생활로 확장되면서 활용 가능한 데이터의 양과 다양성이 기하급수적으로 증가하고 있다.

이러한 개인건강정보 등 스마트 헬스케어 데이터가 질병이 발생하면 치료하는 치료·병원 공급자 중심에서 탈피해 스스로 건강관리를 통해 예방·소비자 등 수요자 중심으로 의료서비스 패러다임이 변화하는 데 핵심 역할을 하면서 스마트 헬스케어가 지속적으로 성장할 것으로 예상된다.

두 번째로 출산율 감소라는 환경하에서 기대수명 증가로 인한 인구 고령화 및 만성질환자 증가가 경제 저성장 추이와 맞물려 개인 의료비 지출 및 국가재정 부담 등이 심화되는 추세이다.

스마트 헬스케어를 통한 개인별 특성에 따른 맞춤형 의약품으로 기존의 질환에 따른 범용 의약품보다 치료 효과는 높이고, 사용량은 줄일 수 있을 것이다. 이는 곧 급속한 고령화 및 만성질환자 증가로 인해 늘어나는 개인의료비 등에 대해 새로운 해결책을 제시한다.

세 번째는 기술의 발전으로 인한 스마트 헬스케어 데이터 증가 및 혁신서비스 창출이다. 스마트 헬스케어 데이터는 개인건강정보(PHR, Personal Health Record), 유전체 정보, 전자의무기록

(EMR, Electronic Medical Record)으로 구분할 수 있는데, 지능정보 기술과 헬스케어 기술의 혁신으로 데이터의 종류, 양, 생성속도가 급증하고 있다.

기술이 인간의 삶과 융합하다

특히 유전자 분석 비용 및 시간 감소로 인해 활용성이 증대되고 있다. 유전체란 우리 몸을 구성하고 생명을 유지하는 필수 유전물질로서 기본단위는 DNA다.

유전체 정보의 경우 한 사람당 약 30억 개, 1테라바이트(TB)에 달하는 유전체 염기쌍의 서열로서, 정밀 의료(Precision Medicine), 개인 맞춤형 신약 개발, 유전자 편집, 합성 생물학을 구현하는 핵심 열쇠이다.

기존에는 유전자 분석비용이 높아 유전자 변이를 확인할 비교 데이터가 부족하고, 대량의 데이터를 저장하고 분석할 수 있는 ICT 기술이 없었다. 그러나 2010년 이후 차세대 염기서열 분석 기술(NGS, Next Generation Sequencing)의 발전으로 인해 서비스 비용과 소요시간이 크게 감소해 데이터가 늘어나고, 머신러닝 등으로 빅데이터(BigData) 분석이 가능해지고 있다.

이에 따라 유전체 정보를 활용해 질병의 세부특성을 구분하고 맞춤형 치료법이나 약물을 제시하는 정밀의료 구현이 가능해지면서 예방 및 맞춤형 의학이 가능해진다.

가령 할리우드 배우 안젤리나 졸리는 유전체 분석으로 유방암 발병 위험이 높다는 결과를 얻었듯이 개인 유전체 분석으로 걸릴 가능성이 높은 질병을 미리 알 수 있다.

또한 개인 유전자에 따라 암 발병 원인과 항암제 효능이 다르므로 개인 유전체 분석을 통해 향후 맞춤형 암 치료제가 나올 수 있을 것이다.

의학용뿐만 아니라 미용, 건강관리 등에도 유전체 정보가 활용될 수 있을 것이다. 즉 피부, 비만, 탈모 등 미용과 관련된 유전자를 분석해 개인 맞춤형 서비스를 제공해 줄 수 있을 뿐만 아니라 개인 유전체 정보, 운동, 신체정보 등을 결합해 맞춤형 건강관리 서비스를 제공할 수 있다.

한편 전자의무기록(EMR)은 의료기관에서 종이차트에 기록했던 인적사항, 병력, 건강상태를 비롯해 처방정보, 처방결과 등을 전산화한 형태를 말한다.

유전체 정보와 개인건강 정보가 건강 개선, 질환 치료 및 예방 등의 구체적인 임상적 가치와 연결되기 위해서는 전자의무기록을 바탕으로 데이터가 분석되어야 하므로 전 세계적으로 의무기록의 디지털화 추세가 가속화되고 있다.

이러한 기반 하에서 의료용 데이터 등을 클라우드(Cloud)로 저

스마트 헬스케어 산업의 미래 모습

장하게 되면 데이터 분석 도구로 활용할 수 있다. 이에 따라 미국의 경우 대부분의 병원이 기존 시스템을 버리고 클라우드(Cloud) 환경으로 전환하고 있다.

클라우드(Cloud) 기술을 통한 빅데이터(BigData) 수집과 분석이 용이해지고, 컴퓨터 처리속도와 성능 향상으로 인공지능(AI) 관련 기술 발전이 가속화되고 있다.

진료시 의사와 환자 간의 대화가 음성인식 시스템을 통해 자동으로 컴퓨터에 입력되고, 저장된 의료차트 및 의학정보 빅데이터를 통해 질병 진단정보를 제공하거나, 컴퓨터 스스로가 환자의 의료 영상 이미지를 분석하고 학습해 암과 같은 질환에 대한 진단정보를 제공해 의사의 진단을 도울 수 있다.

또한 인공지능(AI) 기술은 빠른 시간 안에 습득이 불가능한 의학 잡지, 논문 데이터, 임상 의료 데이터 등을 분석하고 수십만 건에 달하는 의학적 근거를 학습함으로써 진단의 효율성을 높일 수 있다.

가령 IBM의 Watson for Oncology는 암 진단 및 치료를 돕는 인공지능(AI) 소프트웨어로 데이터베이스에 종양학과 관련된 전문지식, 의학 학술지, 의학서 등의 의료 정보가 구축되어 있어 의사가 환자의 정보를 입력하면 빅데이터(BigData)를 바탕으로 가장 성공률이 높은 치료법을 제안한다. 이는 전 세계 각국의 의료기관에서 진단보조로 활용되고 있을 뿐만 아니라 암을 비롯해 여러 의료분야에서 사용될 수 있도록 기능을 지속적으로 개선 중에 있다.

스마트 헬스케어의 급속한 성장

인공지능(AI) 기술의 발전은 시간과 공간의 제약을 극복하고 만성질환자에게 적시의 의료서비스를 제공받을 수 있게 해준다. 즉 웨어러블 기기를 통해 24시간 환자를 모니터링해 데이터를 수집하고, 인공지능(AI) 기술을 활용해 다른 데이터와 연계·분석해 이상신호를 판단할 경우 적시에 전문 의료서비스를 받을 수 있도록 요청할 수 있고, 전문의에게 필요한 정보를 함께 전달함으로

♦ 환경 변화와 기술 발전에 따른 헬스케어 패러다임 변화

자료 : 보험연구원

써 응급의료의 효율성도 증가시킬 수 있다.

예를 들면 인공지능(AI) 기술이 탑재된 웨어러블 스마트 수트를 입은 사람의 심박동수를 실시간으로 감지하고, 이상 징후 발견시 의사와의 원격진료를 통해 빠른 진단과 처방을 내려 실시간으로 심장병 치료가 가능하다.

또한 웨어러블 스마트 기기가 개개인의 건강상태를 실시간으로 체크하고, 의료비용이 저렴한 병원으로 환자를 안내할 수도 있으며, 개인 맞춤형 데이터를 통해 개인별 약물의 부작용을 미리 예측해 처방에 도움을 주는 등 좀 더 빠르고 정확하게 환자를 치료할 수 있다.

무엇보다 의료용 로봇의 경우 부족한 의료진 문제를 해결하고 시간적·공간적 제약을 극복할 수 있을 뿐만 아니라, 의사의 숙련도에 의존하지 않은, 보다 정확하고 안정된 시술이 가능하므로 성장이 가속화될 것으로 예상된다.

궁극적으로는 이러한 사물인터넷(IoT), 빅데이터(BigData), 인공지능(AI), 클라우드(Cloud) 등 지능정보기술과 결합해 혁신 의료서비스를 창출할 수 있을 것이다.

제4차 산업혁명시대에서는 여러 가지 기술들이 인간의 삶과 융합되어 전반적인 삶의 방식을 크게 변화시키고 있다. 즉 삶의 질을 개선시키고, 장소와 시간에 대한 구애를 받지 않고 업무에 대한 비용절감과 효율성 증대를 가져오고 있다.

스마트 헬스케어의 경우도 의료시장 접근성 제고 및 의료비용의 절감, 업무의 효율성 증대 등 긍정적인 효과에 대한 기대감 때문에 소비자뿐만 아니라 의료기관 등의 수요도 점차 증가하고 있다. 향후 전 세계적으로 스마트 헬스케어 시장의 규모가 급속히 성장할 것이다.

코로나 이후 스마트 헬스케어가 중요한 변곡점이 될 것이다

스마트 헬스케어가 가속화되면서 수요자가 중심이 되는
의료 서비스 패러다임의 변곡점을 마련할 것이다.

원격의료의 활용이 확대되는 추세

코로나19로 인해 전 세계적으로 자유로운 이동이 제한됨에 따라 건강 및 의료 서비스를 찾는 소비자들에게도 많은 변화가 찾아오면서 스마트 헬스케어 시장이 급부상하고 있다.

무엇보다 바이러스 감염 가능성 등으로 병원에 방문하기를 기피하고 있어 직접 방문하지 않고도 기본적인 건강 체크나 의사와의 원격진료까지도 가능한 원격의료에 대해 높은 관심을 보이고 있다.

코로나19 확산으로 폭발적으로 증가한 의료 서비스 수요를 효율적으로 충족시키기 위해 원격의료의 활용이 확대되는 추세이다. 여기서 원격의료는 환자에게 제공되는 진단, 치료, 평가, 모니터링, 커뮤니케이션 등의 모든 의료 행위를 원격 정보와 디지털 네트워크 기술을 이용해 제공하는 서비스이다.

원격의료에서는 의사와 환자가 화상회의를 통해 실시간으로 상담 및 진료가 가능하며, 엑스레이나 CT 촬영 등 대용량의 디지털 이미지를 저장 및 전송할 수 있다. 또한 전자장치를 통해 환자의 건강 정보를 의사에게 전달할 수 있어 원격으로 환자의 상태를 확인하는 모니터링도 가능하다.

원격의료가 크게 주목받고 있다

코로나19로 인해 여러 국가에서 원격의료가 크게 주목받고 있다. 미국은 1990년대부터 원격의료가 합법화되었고, 최근 몇 년 동안 폭발적으로 성장해왔다. 그럼에도 불구하고 환자가 대면진료에 비해 원격의료를 선호하지 않았기 때문에 전체 진료에서 원격의료가 차지하는 비중은 높지 않았다.

하지만 코로나19로 인해 원격진료를 먼저 찾겠다는 환자의 비율이 증가하는 등 환자들의 원격의료 선호도가 높아지고 있다.

코로나19 대응 긴급예산에서 메디케어(Medicare, 연방건강보험

원격의료는 이제 하나의 큰 흐름이 될 것이다.

프로그램으로 일반적으로 65세 이상의 노인 또는 장애인이 가입)를 통해 원격의료 서비스를 보장하는 데 약 5억 달러의 예산을 배정했다.

2015년 원격의료를 허용한 일본의 경우 초진은 대면진료로 진행하는 것이 원칙이었다. 하지만 2020년 4월 일본 후생노동성은 초진의 원격의료를 한시적으로 허용했으며, 대상 범위도 고혈압 등 만성질환에서 알레르기 질환, 폐렴 등으로 확대했다. 또한 의약품 배송도 허용했다.

중국의 경우 고령화와 의료인력의 부족 등 의료서비스 문제들을 해결하기 위해 2014년부터 원격의료 서비스의 허용 범위를 규정하고 허용했다. 2016년에는 2030년까지 16조 위안을 투자해 헬스케어 플랫폼을 구축하고 디지털 기술을 활용한 다양한 비즈니스 모델을 육성하고 개발한다고 발표했다.

2020년 3월 국가의료보험국과 국가위생건강위원회가 코로나 19 방역 기간 동안 '인터넷+의료보험 서비스 추진'에 대한 의견을 발표하면서 온라인 의료서비스의 보험결제 통로를 마련하고 비대면 약품 구매 서비스 제공을 확대했다.

우리나라의 경우 정부가 코로나19 확산에 대응해 2020년 2월 24일부터 환자가 의료기관을 직접 방문하지 않고도 전화 상담과 처방을 받을 수 있도록 하면서 한시적으로 원격진료를 허용했다. 그럼에도 불구하고 법적으로 원격의료를 도입하는 것에 대해 이해관계자 간 입장 차이가 있다.

그러나 현재 변화되고 있는 스마트 헬스케어의 생태계 등을 고려할 때 원격의료의 적용 범위와 활용대상을 특정 지을 경우 견해 차이를 줄일 수 있을 것이다. 왜냐하면 의료계는 대면진료가 가능한 상황에서 의사와 환자 간 원격진료를 하는 것에 대해 부정적인 견해를 보이고 있으면서도, 의료분야에 정보통신기술(ICT)를 접목한 스마트 헬스케어 기술의 활용에는 상대적으로 적극적인 태도를 보이고 있기 때문이다.

코로나19 등 바이러스에 대응하기 위해선 원격 환자 모니터링도 중요하다. 이는 센서, 웨어러블을 활용해서 병원 밖의 환경에 있는 환자의 활력징후 등과 같은 상태를 모니터링하는 것이다. 가령 자가 격리하고 있는 환자의 체온, 산소포화도, 호흡수 등을 사물인터넷(IoT) 센서와 웨어러블 디바이스 등으로 측정하고, 의료진이 원격으로 모니터링할 수 있다.

이와 같은 원격의료를 하더라도 처방약을 받으려면 대면이 필요할 수밖에 없는 상황이기 때문에 의약품 배송 서비스도 고려해야 한다. 아마존은 지난 2018년 처방약 유통업체인 필팩을 10억 달러에 인수하며 의약품 배송 서비스를 본격화했다. 우리나라의 현행 약사법은 온라인 약국과 약국 외 장소에서 의약품 판매를 금지하고 있다.

이러한 원격의료는 스마트 헬스케어의 극히 일부분으로 스마트 헬스케어가 제대로 이뤄지려면 스마트 의료기기를 활용한 환자와 병원 간 디지털 헬스케어 시스템 구축이 필요하다. 즉 웨어러블 기기, 삽입형 의료기기, 스마트폰 등을 통해 측정한 환자의 의료 데이터가 플랫폼으로 전송되고, 이를 전국적으로 모니터링하면 신종 감염병에 신속한 대응이 가능하다.

건강기능식품 시장 역시 급성장

한편 건강기능식품 시장은 평균 수명의 증가, 건강 및 삶의 질에 대한 관심의 증가로 인해 지속적으로 성장해왔다. 특히 면역력은 세균이나 바이러스 같은 병원성 미생물로부터 신체를 보호하는 방어능력이다.

면역력은 외부 침입으로부터 신체를 공격하는 병원균뿐만 아니라 우리 몸 내부에서 증식할 수 있는 알레르기 항원이나 암세포의 성장을 막는 중요한 역할을 한다.

2009년 신종플루와 2015년 메르스 발생 때에도 이러한 면역력에 대한 관심이 증가하며, 다양한 건강기능 식품 카테고리에 큰 영향을 미친 바 있다.

특히 최근 전 세계적으로 코로나19 등 전염성 질환이 증가함에 따라 면역력 증진에 도움을 줄 수 있는 원료가 첨가된 건강기능식품에 대한 관심이 높아지고 있어서 매크로 변수와 무관하게 안정적인 성장이 기대된다.

결국에는 코로나19 이후에도 바이러스 감염에 대한 우려가 일상화되면서 건강데이터의 수집 및 공유가 무엇보다 중요해질 것이다.

무엇보다 코로나19로 인해 의료 시스템의 디지털 전환 등으로 스마트 헬스케어가 가속화되면서 질병이 발생한 후에 치료하는 병원 위주의 공급자 중심에서 스스로 건강을 관리하는 수요자 중심으로 의료 서비스 패러다임은 변곡점을 맞이할 것이다.

코로나 관련 진단, 치료제, 백신 개발 현황을 파악하자

치료제는 세계 각국에서 4가지 파이프라인으로 추진중이며,
백신의 경우 임상시험 단계에 속속 진입하는 중이다.

세계 곳곳의 코로나19 관련 치료제 및 백신 개발

현재 국내에서 사용되는 코로나19 관련 진단법은 실시간 유전자 증폭 검사(RT-PCR)다. 이러한 RT-PCR기법은 상부 기도와 하부 기도에서 각각 검체를 채취해 RNA을 정제한 후 코로나19 특이 유전자를 증폭하는 방식이다. 핵산 추출부터 증폭 후 결과를 보고할 때까지 짧게는 4시간, 길게는 6시간 정도 소요되며, 민감도 가 상당히 우수해 초기 확진자 및 노출자를 선별하는 데 유용 하다.

반면에 항체진단의 경우 혈청학적 변화를 근거로 하는 검사법이다. 혈액을 대상으로 하기 때문에 검체 채취의 부정확성도 없으며 검사비가 매우 경제적이라는 장점이 있다.

코로나19의 경우 두 검사의 장단점이 있어 한 가지 검사만으로는 방역 및 예후가 쉽지 않다. 따라서 2가지 검사를 병행해 전체적인 검사의 정확도를 올려야 한다는 것이 전 세계적인 권고사항이다.

현재 코로나19에 대한 국내나 해외에서 정확한 진료지침이 없기 때문에 전문가들의 권고안에 따라 치료가 이루어지고 있다. 의료진 판단에 의해 투여가 가능한 상황으로 칼레트라, 리바비린·인터페론, 하이드록시클로로퀸, 혈장치료 등을 이용하고 있다.

이에 따라 세계 곳곳에서 코로나19 관련 치료제 및 백신 개발을 하고 있는 중이다. 치료제는 약물재창출, 혈장치료제, 항체치료제, 신약개발 등 4가지 파이프라인으로 추진되고 있다.

글로벌치료제에 대한 임상 연구 프로그램을 살펴보면, 전 세계적으로 기존에 다른 용도로 쓰이던 약을 활용하는 방식으로 약물 재창출 연구가 가장 많이 시도되고 있고 혈장치료, 면역치료제 적용을 위한 단기 임상 연구가 추진 중이다.

선진국 중심으로 정부 및 글로벌 민간펀드와 더불어 산업계·학계·연구소·병원 연합체를 구성해 임상을 진행하고 있다.

특히 렘데시비르(Remdesivir)의 경우 미국, 중국, 한국 등을 포함한 1,063명의 대규모 임상이 2020년 2월 시작되었다. 미국 국립 알러지 및 감염병연구소(NIAID)는 렘데시비르(Remdesivir)를 복용한 코로나19 환자가 복용하지 않은 환자보다 빨리 회복했다는 실험 결과를 발표했다. 이에 대해 미국 식품의약국(FDA)은 2020년 5월 1일 렘데시비르(Remdesivir)에 대해 코로나19 치료를 위한 긴급 사용 승인을 했다. 하지만 코로나 바이러스 증식을 억제하는 데도 효과가 있는지 등과 같은 것을 알아보기 위해 몇 가지 임상실험이 진행되고 있다.

백신과 치료제 개발에 사활을 걸다

국내에서 기대되는 총 11건의 임상시험계획을 승인받은 약물은, 렘데시비르 임상3상(2020년 5월 결과 예정)을 비롯해 하이드록시클로로퀸 임상2상(2020년 12월 결과 예정), 하이드록시클로로퀸·칼레트라 임상2상(2020년 7월 결과 예정), 레보비르 임상2상(2020년 7월 결과 예정), 알베스코 임상2상(2020년 7월 결과 예정), 피라맥스 임상2상(2021년 6월 결과 예정), EC-18 임상2상(2022년 5월 결과 예정) 등이 있다.

또한 항체치료제는 질병의 원인이 되는 병원체의 항원부위에 결합해 병원체를 무력화시킬 수 있는 중화항체를 이용한 치료 방법이다. 중화능력 검증에서 최종 항체후보군 38개를 확보한

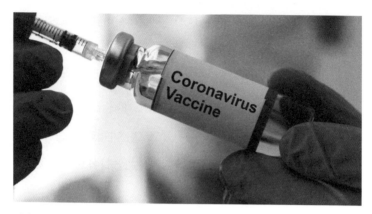

세계 곳곳에서 코로나 백신 개발을 위해 박차를 가하고 있다.

셀트리온은 2020년 6월에 동물실험을 한 뒤 2020년 7월에 사람에게 임상시험을 할 예정이다.

이외에도 혈장 치료제는 감염병 완치자 혈액에 포함된 혈장(항체)만 분리·정제 및 제제화를 통해 감염환자에게 투입하는 치료방법이다. 치료제 개발 가능성이 높고 개발기간도 상대적으로 짧은 것으로 알려져 있다. 국내의 경우 GC녹십자가 국립보건연구원과 함께 코로나19 완치자 혈장을 활용한 혈장 치료제를 개발 중으로 2020년 하반기에 임상에 들어갈 예정이다.

한편 백신은 바이러스에 감염되기 전에 몸 안에 인위적으로 독성을 줄인 병원체를 주입해 면역체계를 활성화하고 바이러스 항체를 만들어주는 것이다. 백신 임상시험은 환자가 아닌 건강한 사람을 대상으로 하기 때문에 인허가 기준이 훨씬 엄격하고 까

다롭다. 이로 인해 개발 기간이 치료제보다 더 오래 걸린다.

미국 국립보건원(NIH)은 바이오 회사 모더나와 코로나19 백신 신속 개발 프로젝트를 진행하고 있다. 모더나는 2020년 3월 45명의 지원자를 대상으로 1단계 임상을 했고, 5월 말이나 6월 600명을 대상으로 시행할 2단계 임상도 승인을 받았다. 순조롭게 추진된다면 2020년 7월 백신 생산이 가능할 것으로 예상된다.

모더나의 백신은 실험실에서 만든 유전 물질 메신저RNA(mRNA)를 포함하고 있다. 이 mRNA는 세포에 단백질 생성을 지시하는 유전자 코드로 코로나 바이러스의 외피에서 발견되었다. 세포에 코로나 바이러스와 유사한 단백질을 만들도록 지시함으로써 항체 반응을 유도한다.

이노비오는 2020년 4월 6일 백신 후보 물질에 대해 임상시험을 시작했다. 미국 펜실베니아와 미주리주에서 40명의 건강한 성인들의 자원을 받아 임상실험을 할 예정인데, 2020년 늦여름쯤 면역 반응 및 안전성과 관련된 데이터를 얻을 수 있을 것으로 예상된다. 이노비오는 합성 DNA에 코로나바이러스에서 나온 유전 물질을 투입해 백신을 만들었으며, 이 물질이 면역반응을 일으켜 항체를 형성하는 것이다.

옥스포드대학교의 연구진들이 개발한 코로나 백신은 2020년 4월 23일 1단계 임상시험에 착수했다. 옥스포드대학교 연구진은 전 세계 600명을 대상으로 임상시험을 진행하고 있으며, 2020년

9월까지 100만 번 투약할 수 있는 백신을 생산하는 게 목표이다.

옥스포드대학 연구진들이 개발하고 있는 백신은 ChAdOx1 nCoV-19로 일종의 재조합 바이러스 벡터 백신(recombinant viral vector vaccine)이다. 코로나바이러스에서 나온 유전물질을 변형된 다른 바이러스에 투입해 면역반응을 일으키는 것이다.

파이저(Pfizer)는 독일의 제약사 바이오앤텍(BioNTech)과 함께 2020년 5월 5일 미국에서 코로나19를 퇴치할 백신시험에 착수했다. 2020년 연말까지 수백만 번 투약할 수 있는 백신을 생산할 것이며, 2021년에는 수억 번 투약할 수 있는 백신을 생산할 수 있을 것이다.

파이저(Pfizer)의 후보 백신은 mRNA를 이용한다. mRNA는 세포에서 특정 물질 생성을 지시하는 유전자 코드로, 이 실험에서는 코로나 바이러스에 대항해 면역반응을 일으키는 항체를 만드는 것이다.

사노피(Sanofi)와 글락소스미스클라인(GSK)은 2020년 4월 14일 공동으로 코로나19 백신을 개발하기로 했다. 두 회사는 2020년 하반기에 임상시험을 할 계획으로, 성공적일 경우 2021년 6억 번 투약할 수 있는 백신을 생산할 계획이다. 백신 개발을 위해 사노피(Sanofi)는 개발해놓고 시장에 출시하지 않은 사스(SARS) 백신 후보 물질을 용도를 변경해 사용하고, 글락소스미스클라인(GSK)은 백신의 면역반응을 향상시킬 보조기술을 제공할 계획이다.

우리나라의 경우도 SK바이오사이언스가 2020년 3월 18일에 질병관리본부가 선정한 코로나19 백신 후보물질 개발사업의 우선순위 협상대상자로 선정되었다. 비임상 완료 후 빠르면 오는 2020년 9월 임상시험에 진입하는 게 목표다.

스마트 헬스케어
유망주

◆ **디지털 의료서비스**
비트컴퓨터, 유비케어, 레이

◆ **인프라**
메디아나, 제이브이엠

◆ **백신**
SK케미칼

◆ **바이오**
에스티팜, 엔지켐생명과학

◆ **건강기능식품**
서흥, 노바렉스, 코스맥스엔비티

◆ **수술용 로봇**
고영

비트컴퓨터 (032850)
_ 원격의료 허용시 대표적인 수혜주

- 의료정보, 디지털 헬스케어, IT교육 등의 사업을 영위
- 클라우드 및 원격의료 수혜

클레머 클라우드 서비스의 성장성 가시화

유전체 정보와 개인건강 정보가 건강 개선, 질환 치료 및 예방 등의 구체적인 임상적 가치와 연결되기 위해서는 데이터 분석이 전자의무기록을 바탕으로 이루어져야 한다. 이에 따라 전 세계적으로 의무기록의 디지털화 추세가 가속화되면서 활용성이 더욱 제고될 것으로 기대된다.

무엇보다 의료용 데이터 등을 클라우드로 저장하게 되면 데이터 분석 도구로 활용하는 데 편리하게 된다.

지금까지 병원은 환자 정보를 병원 시스템을 구축해 저장해왔

다. 하지만 환자 정보 크기는 갈수록 커지고 있을 뿐만 아니라 투자되는 비용도 상승해 이제 더 이상 병원 시스템을 구축하는 방법은 한계에 도달했다.

또한 각종 웨어러블 기기에서 생성되는 데이터들은 병원에서 관리하려면 크기나 보안 등의 어려움이 있으며, 빅데이터 시대를 맞이해 수집된 빅데이터를 분석하는 것이 갈수록 중요해지고 있다. 이런 측면들 때문에 향후 의료용 데이터의 헬스케어 클라우드 서비스 도입이 본격화될 것으로 예상된다.

이러한 환경하에서 동사는 병원급 의료기관을 대상으로 전자의무기록(EMR) 등을 클라우드 서비스로 제공하는 통합의료정보시스템 클레머(CLEMR)를 지난 2017년 7월에 출시했다. 기존의 구축형 의료정보시스템을 클라우드 방식으로 전환한 서비스형 소프트웨어(SaaS) 형태로서 별도 서버 없이 웹으로 접속해 시스

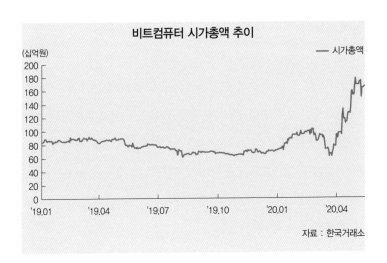

비트컴퓨터 시가총액 추이

(십억원)　　　　　　　　　　　　　　　── 시가총액

200
180
160
140
120
100
80
60
40
20
0

'19.01　　'19.04　　'19.07　　'19.10　　'20.01　　'20.04

자료 : 한국거래소

템을 이용할 수 있다.

2019년 5월과 9월에 국내 대형의료기관의 지방병원 2곳에 클레머 클라우드 서비스를 오픈했으며, 2020년에는 6곳 이상의 중소병원에 클레머 클라우드 서비스를 구축할 예정이다.

그동안 비트컴퓨터는 클레머 클라우드 서비스 구축 등의 소요시간이 길어짐에 따라 인력배치의 효율성이 떨어지면서 실적이 저조했다. 그러나 2019년 하반기부터 클레머 클라우드 서비스 구축 등의 소요시간이 단축됨에 따라 인력배치의 효율성 증가로 수주 등이 정상화되면서 2020년 실적 턴어라운드의 기반이 마련될 뿐만 아니라 클라우드 관련 성장성도 가시화될 수 있을 것이다.

원격의료가 허용된다면 비트컴퓨터 수혜 가능

우리나라의 경우 원격의료는 법적으로 허용되고 있지 않지만, 정부가 코로나19 확산을 막기 위해 한시적으로 원격의료를 허용하고 있다. 병원 내 감염 우려는 물론 의료 사각지대를 해소하는 데 큰 역할을 하고 있다. 코로나19가 원격의료 허용의 교두보를 마련해준 것이다. 이에 따라 원격의료는 시간상 문제일 뿐 결국에는 허용될 것으로 예상된다.

비트컴퓨터의 경우 원격의료에 필요한 솔루션 라인업을 확보하고 있다. 이러한 라인업으로 2018년 말 기준 국내외 900여 개 기관에 원격의료시스템을 구축해 구축 실적 1위를 기록하고 있으며 캄보디아, 아랍에미리트, 몽골, 브라질, 태국 등 해외에도 수출하는 등 본격적인 시장 확산에 대비한 시장 검증을 완료했다. 이에 따라 우리나라에서 원격의료가 허용된다면 비트컴퓨터의 수혜가 가능할 것으로 예상된다.

스마트 헬스케어가 성장하는 환경하에서 클라우드, 원격의료 등 의료서비스 등의 성장도 가속화될 것으로 예상된다. 이는 곧 비트컴퓨터의 성장 잠재력을 높이는 요인으로 작용할 것이다

유비케어 (032620)
_ 원스톱 진료 서비스 구축 예정

- EMR(전자의무기록) 시장점유율 국내 1위 의료정보업체
- 헬스케어 O2O 서비스의 똑닥 가치가 부각될 듯

똑닥 비즈니스 모델 확대로 성장성 부각

유비케어는 병원 접수 서비스 등 헬스케어 O2O 서비스인 앱 똑닥을 운영하고 있는 비브로스가 지분 39.8%(2019년 기준)를 보유하고 있다. 병원 접수 서비스가 가능하려면 EMR 시스템과 앱이 서로 연동되어야 하는데, 유비케어가 EMR 시장점유율 국내 1위 업체이기 때문에 진입장벽뿐만 아니라 병원 접수 서비스 등을 확대하기가 그만큼 용이하다.

똑닥의 주 서비스는 2차 감염 피해를 최소화하기 위한 비대면 병원 접수와 사전문진이다. 모바일 병원 접수 서비스는 병원에

직접 방문하지 않아도 앱으로 진료 접수와 순서 확인이 가능한 서비스다. 본인 진료 순서까지 병원 대기실에서 다른 환자들과 함께 있을 필요가 없어 원내 감염될 우려가 적다는 장점이 있다.

코로나19로 인해 예방접종 건수 증가

코로나19로 인해 똑닥의 모바일 진료 예약과 접수 서비스를 통한 예방접종 건수가 증가하고 있다. 이와 같은 접수뿐만 아니라 향후 병원비 결제와 모바일 처방전 서비스, 약국 결제 서비스까지 완비해, 병원 접수에서 약국 결제에 이르는 일련의 과정을 앱 하나로 가능하게 만드는, 즉 병원과 약국에 이르는 원스톱 진료 서비스를 구축할 예정이다.

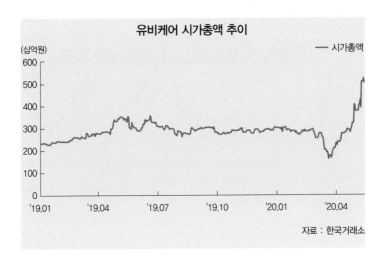

유비케어 시가총액 추이

(십억원)　　　　　　　　　　　　　　　　　　　── 시가총액

600
500
400
300
200
100
0

'19.01　'19.04　'19.07　'19.10　'20.01　'20.04

자료 : 한국거래소

향후 인공지능(AI) 알고리즘을 활용해 똑닥 이용자의 성향을 빅데이터로 분석해 이용자 맞춤형 광고뿐만 아니라 의료비 등 결제 서비스 등을 대행해주고 수수료를 받는 비즈니스 모델도 확대할 예정이다.

레이 (228670)
_ 디지털 치료솔루션이 매출성장 주도

- 치과용 디지털 진단시스템 및 치료솔루션 전문기업
- 암중모색 중 마침내 빛을 발견하다

치과용 디지털 치료솔루션이 매출 성장 동력

2020년 1분기 IFRS 연결기준 매출액 123억 원(YoY -8.3%), 영업이익 6억 원(YoY -37.7%)으로 부진한 실적을 기록했다. 이는 코로나19로 매출비중이 가장 큰 중국에서의 영업중단 등이 영향을 미쳤기 때문이다.

2020년 2분기에도 중국에서의 완만한 회복이 예상된다. 하지만 미국 및 유럽의 경우 정상화 시점이 여전히 명확하지 않기 때문에 실적에 대해 불확실성이 존재한다.

다만 레이의 기존 해외 판매 네트워크를 활용해 ODM으로 조

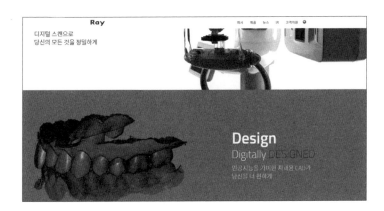

달받은 방호복을 4월부터 판매하기 시작했다. 코로나19로 전 세계적으로 방호복 수요가 증가하는 상황에서 방호복 판매를 시작했기 때문에 매출에 긍정적인 역할을 할 것으로 예상된다.

치과용 디지털 치료솔루션은 치과에서 환자의 치아 영상을 통해 진단 및 치료계획 등을 수립한 이후 쉽고 간편하게 직접 인공지능 기반 CAD작업을 진행하면서 임시치아, 임플란트 수술가이드, 교정 모델 등을 3D프린터로 출력하는 등 디지털화된 원스톱 워크플로우(Work-flow)를 통합적으로 수행할 수 있다.

레이는 X-ray 진단부터 CAD, 3D프린터까지 디지털 치료솔루션을 지원하는 제품 라인업을 구축하고 있다. 앞으로 이러한 디지털 치료솔루션이 동사의 매출성장을 이끌 것이다.

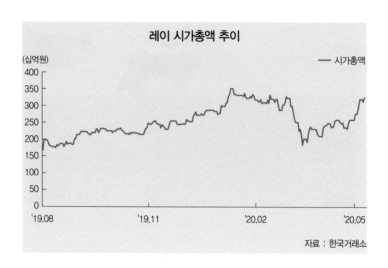

레이 시가총액 추이

(십억원) ── 시가총액

400
350
300
250
200
150
100
50
0

'19.08   '19.11   '20.02   '20.05

자료 : 한국거래소

3D 프린터를 활용한 신규사업이 성장동력

그동안 투명교정장치는 미국 얼라인텍이 전 세계 시장의 70% 가
량을 점유해왔으나 2017년 이후 관련 특허가 풀리기 시작하면서
투명교정장치 분야에 진입하는 사례가 늘고 있다.

　레이는 종전 40일 이상 걸리는 투명교정장치 제작기간을 14일
가량으로 대폭 줄일 수 있을 뿐만 아니라 가격은 경쟁사 제품과
비교해 20% 이하로 낮췄다. 이러한 장점을 바탕으로 레이는 우
리나라와 일본에서는 자체 브랜드로, 중국에서는 글로벌 임플란
트 업체인 스트라우만에 ODM 형태로 판매할 예정이다.

　2020년 3분기부터 투명교정장치 매출이 가시화될 것으로 예

상됨에 따라 성장성 등이 부각될 수 있을 것이다.

2020년 2분기부터 방호복 매출이 가시화되면서 실적에 완충 작용을 할 것으로 예상된다. 이러한 환경하에서 하반기부터 치과용 디지털 치료솔루션 매출이 정상화되고, 투명교정장치의 성장성 역시 부각될 수 있을 것이다.

메디아나 (041920)
_ 2020년 사상 최대 실적 예상

- 환자감시장치, 심장충격기 등을 제조판매
- 코로나19로 수요 폭발하면서 실적도 급증

코로나19로 매출 증가

메디아나는 1995년에 설립되어 생체신호 측정기술을 기반으로
환자감시장치, 심장충격기 등의 의료기기를 제조해 판매하고 있
다. 이들 제품군을 ODM 및 자사 브랜드로 판매하고 있다.

메디아나는 세계적인 의료기기 회사인 Medtronic(미국),
Siemens(독일), Fukuda-Denshi(일본), Metrax(독일) 등과의 수출
및 해외대리점 계약 등을 통해 수출을 지속적으로 확대해나가고
있다.

메디아나 산소포화도 측정기의 경우 미국 의료기기 유통회사

인 Medtronic에 ODM 방식으로 전량 납품하고 있으며, 연간 200억 원 가량의 매출을 올리고 있다. 최근 미국과 유럽에서 코로나19 감염 환자가 급속도로 늘어나면서 산소포화도 측정기의 발주량이 증가하고 있다. 산소포화도 측정기는 혈액에 충분한 산소가 있는지 측정하는 기기로 코로나19 감염 환자의 폐 상태를 정확히 판단하기 위해서 필요한 장비다.

매력적인 성장주

코로나19 바이러스에 감염되면 면역물질인 사이토카인이 과도하게 분비되어 많은 염증이 생기면서 폐가 망가지는 것으로 알려져 있다. 이에 따라 2020년 1분기 IFRS 연결기준 매출액 137억

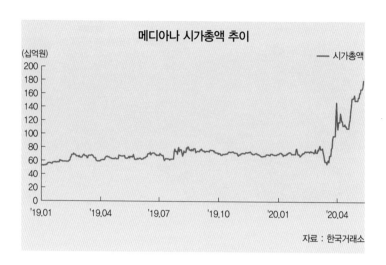

메디아나 시가총액 추이

(십억원)

— 시가총액

200
180
160
140
120
100
80
60
40
20
0

'19.01   '19.04   '19.07   '19.10   '20.01   '20.04

자료 : 한국거래소

원(YoY +35.0%), 영업이익 32억 원(YoY +196.1%)으로 실적 턴어
라운드가 가속화되었다.

이는 산소포화도 측정기의 해외 ODM 매출이 증가되었기 때
문이다. 특히 전년동기 대비 영업이익률이 높게 나온 이유는
2017년 말 245명에서 2019년 말에는 156명으로 인력이 구조조
정됨에 따라 2020년 1분기부터 영업레버리지 효과가 본격화되
었기 때문이다.

2020년 3월부터 코로나19 환자로 인해 산소포화도 측정기 등
환자감시장치의 폭발적 수요 증가가 2분기 매출에 본격적인 영
향을 줄 것으로 예상됨에 따라 사상 최대 분기 실적이 기대된다.

코로나19로 인한 수요 증가로 2020년 사상 최대 실적이 예상된다. 무엇보다 환자감시장치가 병원 필수장비이기 때문에 향후에도 감염병 상시 대응체계 구축 등으로 수요가 지속되면서 성장성 등이 부각될 수 있을 것이다.

또한 코로나19 이후 국내 의료기기에 대한 글로벌 관심 증가로 메디아나의 지속적인 밸류에이션 리레이팅이 기대된다.

제이브이엠 (054950)
_ 영업레버지리 효과 본격화

- 의료시설 약품 조제 및 관리 시스템 전문업체
- 언택트 수혜로 실적 개선 가속화

글로벌 언택트 헬스케어 시장 확대

2020년 1분기 IFRS 연결기준 매출액 308억 원(YoY +21.8%), 영업이익 47억 원(YoY +52.6%)으로 양호한 실적을 기록했다. 이는 글로벌 언택트 헬스케어 시장 확대로 인한 수출이 전년동기대비 51.2% 증가함에 따라 영업레버리지 효과로 수익성이 대폭 개선되었기 때문이다. 특히 북미와 유럽지역에서 전년동기 대비 각각 84%, 39% 증가했다.

2020년 제이브이엠 실적은 K-IFRS 연결기준 매출액 1,266억 원(YoY +15.0%), 영업이익 180억 원(YoY +71.4%)으로 실적 턴어

라운드가 가속화될 것으로 예상된다. 무엇보다 2020년 언택트 (Untact) 헬스케어 시장이 폭발적으로 성장하고 있는 북미와 유럽에서의 매출성장이 기대된다.

그동안 매출 성장은 미미한 가운데 개발비 등 고정비 증가 등으로 인해 수익성이 악화되었다. 하지만 2020년부터 매출이 성장하면서 영업레버리지 효과의 본격화로 수익성이 대폭 개선될 것으로 예상된다.

매력적인 성장주

한편 약품관리자동화시스템인 인티팜(INTIpharm)의 경우 약물감시, 의약품 관리의 선진 의료 시스템 도입 및 인건비 상승 등으로

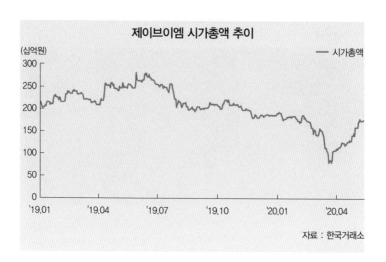

제이브이엠 시가총액 추이

(십억원) ── 시가총액

자료 : 한국거래소

국내에서의 수요는 지속적으로 증가할 것으로 기대된다.

또한 해외의 경우 중동, 남미 등 신흥국 시장에서 판매를 통한 레퍼런스 구축 중에 있으므로 2020년에는 북미시장 진출이 가시화되면서 성장성 등이 부각될 수 있을 것이다.

2020년 언택트(Untact) 헬스케어 시장이 폭발적으로 성장하고 있는 북미와 유럽에서의 매출성장으로 영업레버지리 효과가 본격화되면서 제이브이엠 주가 상승의 모멘텀으로 작용할 수 있을 것이다.

SK케미칼 (285130)
_ 폐렴구균백신에 큰 기대 걸어

- 그린케미칼 및 생명과학 사업 부문을 영위
- 백신사업의 성장성이 부각

폐렴구균백신 임상 1상 완료

SK바이오사이언스의 모기업인 SK케미칼은 2014년 글로벌 백신 전문기업인 사노피 파스퇴르와 글로벌 시장 진출을 목표로 차세대 폐렴구균 백신 공동 개발·판매 계약을 체결했다.

SK바이오사이언스와 사노피 파스퇴르가 개발하는 폐렴구균 백신은 폐렴을 유발하는 병원균 표면 다당체에 특정 단백질을 결합해 만드는 단백접합백신이다. 단백접합 방식은 지금까지 개발된 폐렴구균백신 중 가장 높은 예방효과를 제공하는 것으로 알려졌다.

2019년 말 임상 1상을 성공적으로 완료함에 따라 마일스톤(단계별 기술료)으로 1,100만 달러를 받았다. 또한 2020년 3월에 2상에 돌입하기 위한 임상시험계획(IND)을 미국 식품의약국(FDA)에 신청했다.

빠른 시장점유율 상승 예상

현재 폐렴구균백신의 글로벌 시장규모는 7조~8조 원 수준인데 화이자의 프리베나 백신이 대부분을 차지한다. SK바이오사이언스와 사노피 파스퇴르가 개발하는 폐렴구균백신은 가수(항체 개수)가 프리베나보다 높아 출시 이후 빠른 시장점유율 상승이 예상된다.

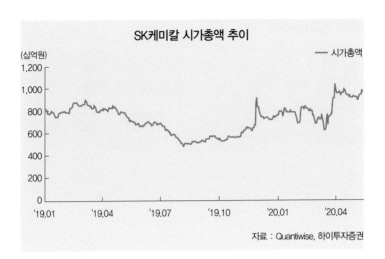

SK케미칼 시가총액 추이

(십억원)   —— 시가총액

자료 : Quantiwise, 하이투자증권

또한 SK 바이오사이언스는 2020년 3월 18일 질병관리본부가 선정한 코로나19 백신 후보물질 개발사업의 우선순위 협상대상자로 선정되었으며, 비임상 완료 후 빠르면 오는 2020년 9월 임상시험에 진입하는 것이 목표다.

한편 2014년부터 천식 치료제 알베스코의 국내 판권을 보유하고 있는 SK케미칼은 2020년 4월 코로나19 치료 효과를 연구하는 국내 11개 병원에 해당 의약품을 제공했다.

한국파스퇴르연구소는 고려대학교 구로병원 등에서 만 18세 이상 코로나19 경증환자에게 알베스코를 처방해 그 효과를 확인하는 연구자 임상시험을 진행했는데, 알베스코의 성분인 시클레소니드(Ciclesonide)가 세포 실험에서 렘데시비르, 칼레트라, 클로로퀸 등과 유사한 항바이러스 효과가 있다는 연구 결과가 나온데 따른 것이다.

연구자 임상시험은 국내 11개 의료기관에서 코로나19 증상이 발생한 지 7일 내 또는 진단 후 3일 내인 환자 141명을 대상으로 수행된다.

에스티팜 (237690)
_ RNA 기반 신약시장 성장의 수혜주

- 원료의약품(API) 전문업체
- 올리고뉴클레오타이드 기반 신약 원료의약품(API) 의 성장성 부각

3세대 치료제인 RNA 기반 치료제

에스티팜은 동아쏘시오홀딩스의 자회사이다. 이 회사는 위탁생산(CMO, Contract Manufacturing Organization) 방식으로 신약 원료의약품(API, Active Pharmaceutical Ingredient)과 제네릭 API를 생산해 판매하고 있다.

에스티팜은 뉴클레오시드(Nucleoside) 합성기술과 글로벌 인증 기준에 부합하는 GMP(Good Manufacturing Practice) 시설을 기반으로 에이즈치료제인 지도부딘(Zidovudine), B형 간염치료제 및 C형 간염치료제 등 항바이러스계 API를 공급한 경험을 가지

고 있다.

2013년 12월 FDA 승인을 받은 글로벌 제약사 길리어드의 C
형 간염치료제는 에스티팜의 주요 매출원이었다. 하지만 뛰어난
약효로 2015년 이후 환자수가 급감하며 에스팀팜의 실적 부진으
로 이어졌으며, 현재 관련 매출이 거의 없는 상황이다.

이에 에스티팜은 글로벌 제약사에 항바이러스계 원료의약
품(API)을 공급한 경험을 바탕으로 차세대 치료제로 주목받
는 RNA 기반 치료제의 핵심원료인 올리고뉴클레오타이드
(Oligonucleotide) 원료의약품(API) 분야로 사업영역을 확장하고
있다. RNA 기반 치료제는 1세대 바이오 의약품인 호르몬 · 인슐
린·백신에서 나아가 2세대 항체의약품에 이은 3세대 치료제이다.

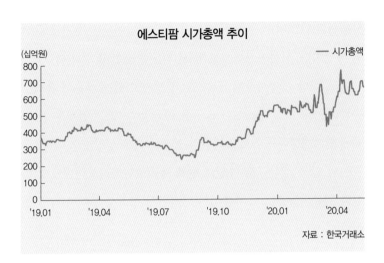

에스티팜 시가총액 추이

(십억원)   ── 시가총액

자료 : 한국거래소

FDA의 최종 허가가 난다면?

노바티스의 RNA기반 고지혈증 치료제인 인클리시란이 미국 식
품의약국(FDA)의 최종 허가를 앞두고 있다. 노바티스는 2020년
1분기 실적 발표에서 오는 2020년 12월께 허가 여부가 결정될
것이라고 밝혔다.

만약 미국 식품의약국(FDA)의 최종 허가가 난다면 에스티팜
의 올리고뉴클레오타이드(Oligonucleotide) 매출이 증가할 수 있
는 분기점이 될 수 있을 것이다.

에스티팜은 이를 대비해 2018년 안산 반월공장의 증설로 현재
생산규모를 750kg 수준으로 늘렸다. 총 4층 공장인데 1~2층만

사용하고 있으며, 3~4층은 2020년 수주가 늘어나면 추가로 증설할 예정이다. 시화공장에서도 50kg 정도를 생산할 수 있다.

RNA 기반 신약시장이 급속도로 성장하고 있는 가운데 올리고뉴클레오타이드(Oligonucleotide)를 공급할 수 있는 업체는 전 세계에 단 3개뿐이므로 에스티팜의 실적은 더욱 성장할 것이다.

이와 같은 생산규모 증설로 인해 올리고뉴클레오타이드 기반 신약 원료의약품(API) 매출이 증가하면서 성장성 등이 부각될 것이다.

한편 RNA 기반 코로나19 백신과 코로나19 진단키트에도 올리고뉴클레오타이드 원료가 들어가기 때문에 향후 성장 가능성이 높다.

또한 코로나19로 인한 중국과 인도의 원료의약품(API) 회사들의 수급문제 때문에 글로벌 제약사의 공급망 다변화 측면에서 에스티팜의 수혜가 예상된다.

엔지켐생명과학 (183490)
_ 비알콜성지방간염(NASH) 성장성 부각

- 원료의약품 판매 및 글로벌 신약 개발사업을 영위
- 비알콜성지방간염(NASH)에 공격적인 투자 진행중

EC-18 원천기술 보유

엔지켐생명과학은 1999년 설립된 글로벌 신약개발 기업이다. 염증해결촉진자, 호중구이동조절자로 주목받는 신약물질 EC-18의 원천기술을 보유하고 있다.

EC-18은 항암화학 방사선요법 유발 구강점막염(CRIOM), 항암화학요법 유발 호중구 감소증(CIN)과 급성방사선증후군(ARS) 적응증으로 임상 2상을 진행중이다. 신약개발과 함께 원료의약품과 조영제, 항결핵제, 원료의약품을 생산해오고 있다.

비알콜성지방간염(NASH, Non Alcoholic Steatohepatitis)은 비알

콜성지방간질환(Non-alcoholic fatty liver disease, NAFLD)의 일종
으로 방치하면 간암(HCC, Hepatocellular Carcinoma)으로 이어질
수 있는 치명적인 질병이다. C형 간염에 이어 두 번째로 간이식
빈도가 높은 질병이지만 빅파마들도 아직까지 효과적인 치료제
를 내놓지 못하고 있다.

미국 비알콜성지방간염(NASH) 환자는 전체인구의 25%인 8천
만 명이다. 하지만 현재 마땅한 치료제가 없어 세계 바이오업계
가 60조 원 규모의 비알콜성지방간염(NASH) 치료제 시장을 주목
하고 있다.

이에 대해 엔지켐생명과학은 2019년 11월 미국 보스턴에서
열린 미국간학회에서 신약개발물질 EC-18의 비알코올성지방간
염(NASH)과 간섬유화 치료 효과에 대해 발표했다.

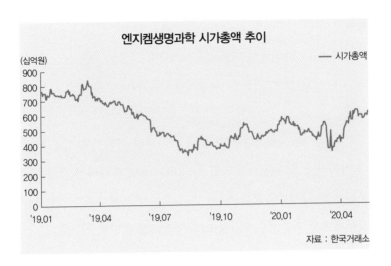

엔지켐생명과학 시가총액 추이

(십억원)

— 시가총액

자료 : 한국거래소

NASH 분야의 세계적 권위자를 영입

또한 2020년 1월 JP모건 헬스케어 컨퍼런스에서 EC-18은 간에 존재하는 쿠퍼세포, 성상세포, 지방세포, 근육세포, 소장 상피세포에 존재하는 패턴인식수용체(PRR, 특히 TLR4)의 세포 내 재순환(recycling)을 촉진시켜 비알콜성지방간염(NASH)과 간섬유화를 치료하는 최초의 PETA(PRR Endocytic Trafficking Accelerator) 작용기전 물질이라고 발표했다.

이어 2020년 2월 신약물질 EC-18의 비알콜성지방간염(NASH) 연구개발 역량 강화와 간질환 관련 적응증의 파이프라인 확장을 위해 NASH 분야의 세계적 권위자인 미국 시카고 의대 마이클

찰튼 교수를 신약개발 과학기술자문위원으로 영입했다.

이에 따라 비알콜성지방간염(NASH)의 글로벌 라이선싱과 췌장 베타세포 보호 적응증 확장에 큰 탄력을 받을 것으로 예상된다.

한편 엔지켐생명과학은 2020년 4월 17일 식약처에 신종 코로나 바이러스 환자를 대상으로 하는 EC-18의 폐렴에서 급성호흡부전 또는 급성호흡곤란증후군으로의 이행을 예방하는 임상 2상 시험계획을 제출했으며, 5월 12일 임상 2상 승인을 획득했다.

서흥 (008490)
_ 건강기능식품 매출액이 급증

- 하드캡슐 및 건강기능식품 전문 제조기업
- 성장으로 영업레버리지 효과 본격화

건강기능식품 매출 성장으로 수익성 개선

서흥은 지난 1973년에 설립된 하드캡슐 및 건강기능식품 전문 제조기업이다. 주요사업은 하드캡슐, 건강기능식품, 의약품 전공정 수탁, 원료, 화장품 등으로 구분되어 있다.

국내 하드캡슐 시장에서 95%, 전 세계 6~7%에 이르는 점유율을 차지하고 있으며, 건강기능식품 OEM, ODM 분야로 성장의 보폭을 넓혀 나가고 있는 중이다.

건강기능식품 시장은 평균 수명의 증가, 건강 및 삶의 질에 대한 관심의 증가로 인해 지속적으로 성장해왔다. 특히 최근 전 세

계적으로 코로나19 등 전염성 질환이 증가함에 따라 면역력 증진에 도움을 줄 수 있는 원료가 첨가된 건강기능식품에 대한 관심이 높아지고 있다.

서흥의 건강기능식품 제조 방식은 주로 OEM·ODM 형태로, 캡슐제 41%, 액상·젤리 36%, 정제 12%, 기타 11% 등 다양한 제형으로 생산하고 있다. 주로 거래처는 한국인삼공사, 뉴스킨코리아, LG생활건강, 사노피-아벤티스코리아(세노비스), 한국야쿠르트, 종근당건강, CJ제일제당 등이다.

건강기능식품시장의 성장으로 인해 서흥의 건강기능식품의 매출액이 2017년 1,212억 원, 2018년 1,427억 원, 2019년 1,749억 원으로 해를 거듭할수록 증가하고 있다.

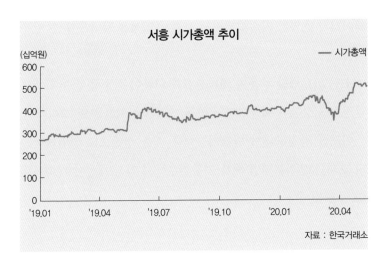

서흥 시가총액 추이

(십억원)

— 시가총액

자료 : 한국거래소

해를 거듭할수록 수익성 개선 가속화

서흥은 2020년의 경우 건강기능식품 시장의 성장과 더불어 매출
처 확대 등으로 매출액이 전년대비 20.1% 증가한 2,100억 원으
로 예상된다.

무엇보다 건강기능식품 부문은 지난 2012년 부천공장에서 오
송공장으로 이전하면서 캐파 및 제형 확대 등으로 인한 고정비
증가로 그동안 수익성이 저조했는데, 2020년부터 매출증가에 따
른 영업레버리지 효과가 발생하면서 수익성이 개선될 수 있을
것이다.

해를 거듭할수록 건강기능식품의 매출 성장으로 이러한 영업

레버리지 효과가 가속화되면서 전체 수익성을 끌어올릴 수 있을 것이다.

또한 하드캡슐 부문의 캐파증설과 더불어 식물성 캡슐 확대로 안정적인 성장이 예상되면서 향후 캐쉬카우 역할을 할 것이다.

이러한 환경하에서 건강기능식품 매출 성장으로 영업레버리지 효과가 본격화되면 해를 거듭할수록 수익성 개선이 가속화될 수 있을 것이다.

노바렉스 (194700)
_ 200여 개의 고객 레퍼런스를 보유

- 건강기능식품 ODM/OEM 전문기업
- 건강기능식품 시장 성장이 곧 노바렉스의 성장

지속적이고 구조적인 성장 가능

노바렉스는 2008년에 설립된 건강기능식품 ODM·OEM 전문기업으로 국내 최다 개별인정 건수를 보유하고 있다. CJ제일제당, 대상, 종근당, 한국야쿠르트, 암웨이 등 식품대기업과 유명 제약사, 네트워크마케팅 기업까지 아우르면서 200여 개의 고객 레퍼런스를 보유하고 있다.

오창의 세 공장에서 연질·경질캡슐, 정제, 구미·젤리 등 식약처가 지정한 12가지 제형과 다양한 포장용기로 연평균 350여 개의 제품을 생산하고 있다.

건강기능식품 시장의 경우 평균 수명의 증가, 건강 및 삶의 질에 대한 관심의 증가로 인해 지속적으로 성장하고 있는 중이다. 2018년 기준 국내 건강기능식품의 시장 규모는 전년 대비 12.7% 증가한 2조 5,221억 원을 기록했으며, 면역기능 개선 제품과 더불어 비타민 등 영양보충용 제품에 대한 수요가 증가함에 따라 성장 기조가 이어지는 추세이다.

무엇보다 20~30대 젊은 층의 수요가 증가되는 점과 더불어 소비자들의 관심이 다양한 제품으로 확대되어 각양각색의 기능을 필요로 하는 제품으로 다변화되면서 성장이 지속될 수 있을 것이다.

노바렉스 시가총액 추이

(십억원)

— 시가총액

자료 : 한국거래소

건강기능식품 시장의 성장으로 지속적 성장 가능

최근 전 세계적으로 코로나19 등 전염성 질환이 증가함에 따라 면역력 증진에 도움을 줄 수 있는 원료가 첨가된 건강기능식품에 대한 관심이 높아지고 있다. 실제로 지난 2009년 신종플루, 2015년 메르스 등 전염성 질환 발생 시기에 건강기능식품 구매액이 증가했다.

코로나19 이후에도 전염성 질환에 대한 경각심 등으로 건강식품기능 시장의 구조적인 성장이 예상된다. 특히 노바렉스는 건강기능식품의 다양한 고객군과 제품군을 ODM·OEM하고 있기 때문에 건강기능식품 시장의 지속적인 성장이 노바렉스의 성장으로 이어질 수 있을 것이다.

건강기능식품 특성상 트렌드 변화로 제품군이 바뀔 수는 있다. 하지만 다양한 고객을 기반으로 한 B2B의 장점으로 노라렉스가 신속하게 대응하면 지속적인 성장이 가능할 것이다.

한편 2021년 3월 오송공장 준공으로 2천억 원 규모의 캐파가 증가될 것이다. 무엇보다 자동화율이 80%에 이르기 때문에 매출 상승이 기존보다는 빠르게 수익성 개선으로 이어질 수 있을 것이다.

코스맥스엔비티 (222040)
_ 흑자전환에 이어 점프업까지 기대

- 건강기능식품 OEM·ODM 전문 제조기업
- 2020년은 흑자전환, 2021년은 점프업

2020년 미국 법인 적자폭 축소로 흑자전환 가능

코스맥스엔비티는 지난 2002년 설립된 건강기능식품 OEM·ODM 전문 제조기업으로 2014년 코스맥스그룹 계열에 편입되었다. 정제, 하드·연질캡슐, 분말, 액상 등 다양한 제형으로 건강기능식품을 생산하고 있다.

또한 2015년 11월에 미국 공장을, 2017년에 호주 공장을 완공하며 해외에 진출했으며, 중국 상해에는 판매법인을 두고 있다. 이에 따라 2019년 기준으로 해외 매출 비중이 60.9%에 이르고 있다.

　건강기능식품 시장은 평균 수명의 증가, 건강 및 삶의 질에 대한 관심의 증가로 인해 지속적으로 성장해왔다. 특히 최근 전 세계적으로 코로나19 등 전염성 질환이 증가함에 따라 면역력 증진에 도움을 줄 수 있는 원료가 첨가된 건강기능식품에 대한 관심이 높아지고 있다.

　코로나19 이후에도 전염성 질환에 대한 경각심 등으로 건강식품기능 시장의 구조적인 성장이 가능할 것으로 예상된다. 이에 따라 국내 법인의 경우 향후 매출과 이익 성장세가 두드러질 것으로 예상된다.

코스맥스엔비티 시가총액 추이

(십억원)

— 시가총액

자료 : 한국거래소

실적 턴어라운드 가속화

한편 미국법인은 2019년부터 신규 고객 영업에 전력을 집중해왔
다. 이에 따라 미국법인은 2019년 매출 213억 원을 기록했지만,
당기순손실 역시 228억 원 수준까지 확대되었다. 이는 신규 고객
을 확보하고 신제품 생산을 늘리는 과정에서 초기 투자가 지속
되었으며, 이와 더불어 초기 생산 비용이 동반 증가했기 때문
이다.

  2020년의 경우 미국법인이 신규 고객사를 확보함에 따라
400억 원 이상의 매출이 예상된다. 이와 같은 매출증가로 미국법
인의 적자폭이 상당부분 줄어들 것으로 전망된다. 이는 곧 올해

전체적인 실적개선의 단초가 될 것이다.

무엇보다 미국은 전 세계 건기식 시장의 3분의 1을 차지하는 최대 시장인 만큼 코로나19로 인해 미국법인의 수혜가 예상된다.

또한 호주법인의 경우 대부분 중국에 공급하고 있는데, 2019년 중국에서 과대 광고를 규제하고 단속을 강화함에 따라 당기순손실이 99억 원 수준까지 확대되었다. 그러나 올해 코로나19로 인해 중국에서의 건강기능식품 수요가 증가하면서 매출 증가로 적자폭이 상당부분 줄어들 것으로 예상된다.

무엇보다 2021년에는 매출증가로 영업레버리지 효과가 본격화되면서 실적 턴어라운드가 가속화될 것으로 예상된다.

고영 (098460)
_ 뇌수술용 의료로봇 매출 가시화

- 검사 및 정밀측정 자동화 장비 업체
- 뇌수술용 의료로봇 성장성 부각

수술 가이드 로봇시스템 개발

고영은 지난 2002년 설립되어 핵심역량인 메카트로닉스 기술을 바탕으로 전자제품 및 반도체 제조용 3차원 정밀측정 검사 장비와 더불어 반도체 Substrate Bump 3차원 검사장비 사업 등을 전개하고 있다.

동사의 주력제품은 전자제품 및 반도체 제조공정 중 발생할 수 있는 불량품을 검사하는 장비인 3D SPI(Solder Paste Inspection)와 3D AOI(Automated Optical Inspection)이다. SPI는 회로기판 위에 부품이 올라가기 전 납이 제대로 도포되었는지를

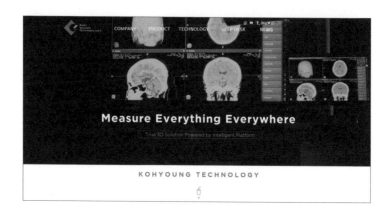

Measure Everything Everywhere
True 3D Solution Powered by Intelligent Platform

KOHYOUNG TECHNOLOGY

검사하며, AOI는 인쇄회로기판(PCB) 위에 반도체 소자와 여러 부품이 제대로 장착되었는지 확인하는 장비다.

이러한 기술력을 바탕으로 향후 뇌수술용 의료로봇 분야에도 진출할 예정이다. 현재 이비인후과, 신경외과 분야에서 이루어지는 미세 영역 수술은 수술 전 취득한 의료 영상 정보를 기반으로 병변을 진단하기 때문에 과다 절개나 방사선 피폭 등을 완벽하게 피할 수 없다.

이런 문제점 해결에 착안한 고영은 소형화된 다자유도 로봇, 의료 영상 기반 내비게이션 소프트웨어, 고정밀 3D 의료용 센서를 이용한 수술 가이드 로봇시스템을 개발했다.

즉 고영이 개발한 뇌수술용 의료로봇은 수술침대에 부착 가능하게 소형화된 로봇 플랫폼과 3D 인체 스캔 센서, 수술 네비게이션 SW로 구성되어 있으며, 수술 전 촬영한 컴퓨터단층촬영(CT)

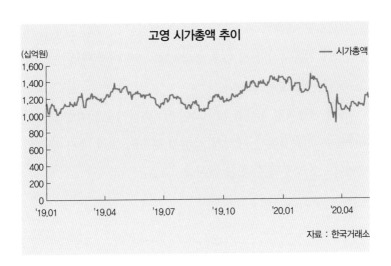

고영 시가총액 추이

(십억원)　　　　　　　　　　　　　　　　── 시가총액

자료 : 한국거래소

과 자기공명영상(MRI)을 기반으로 고영의 3D 센서기술과 로봇 시스템을 이용해 실시간으로 환부와 수술도구 위치를 추적함으로써 수술 도구의 위치와 자세를 자동으로 안내해주는 시스템이다. 이에 따라 의사가 볼 수 없는 뇌 속 병변을 내비게이션처럼 표시해주고 수술 좌표를 찾아준다.

글로벌 의료시장 진출을 위한 행보

고영은 2016년 12월 국내 최초로 식품의약품안전처로부터 뇌수술용 의료로봇에 대한 제조허가를 획득함에 따라 2020년 뇌수술용 의료로봇 매출이 가시화될 것으로 예상된다. 또한 글로벌 의료시장에 진출하기 위해 향후 중국 CFDA 및 미국 FDA 승인 등을 추진할 것으로 예상된다.

제4차 산업혁명 시대를 맞이하여 3D 측정기술을 바탕으로 한 뇌수술용 의료로봇 등에서의 성장성 부각이 고영 주가 상승의 모멘텀으로 작용할 수 있을 것이다.

■ 독자 여러분의 소중한 원고를 기다립니다

메이트북스는 독자 여러분의 소중한 원고를 기다리고 있습니다. 집필을 끝냈거나 집필중인 원고가 있으신 분은 khg0109@hanmail.net으로 원고의 간단한 기획의도와 개요, 연락처 등과 함께 보내주시면 최대한 빨리 검토한 후에 연락드리겠습니다. 머뭇거리지 마시고 언제라도 메이트북스의 문을 두드리시면 반갑게 맞이하겠습니다.

■ 메이트북스 SNS는 보물창고입니다

메이트북스 홈페이지 www.matebooks.co.kr

책에 대한 칼럼 및 신간정보, 베스트셀러 및 스테디셀러 정보뿐만 아니라 저자의 인터뷰 및 책 소개 동영상을 보실 수 있습니다.

메이트북스 유튜브 bit.ly/2qXrcUb

활발하게 업로드되는 저자의 인터뷰, 책 소개 동영상을 통해 책에서는 접할 수 없었던 입체적인 정보들을 경험하실 수 있습니다.

메이트북스 블로그 blog.naver.com/1n1media

1분 전문가 칼럼, 화제의 책, 화제의 동영상 등 독자 여러분을 위해 다양한 콘텐츠를 매일 올리고 있습니다.

메이트북스 네이버 포스트 post.naver.com/1n1media

도서 내용을 재구성해 만든 블로그형, 카드뉴스형 포스트를 통해 유익하고 통찰력 있는 정보들을 경험하실 수 있습니다.

STEP 1. 네이버 검색창 옆의 카메라 모양 아이콘을 누르세요. STEP 2. 스마트렌즈를 통해 각 QR코드를 스캔하시면 됩니다. STEP 3. 팝업창을 누르시면 메이트북스의 SNS가 나옵니다.